新时期财务管理与企业经济发展研究

朱志慧 陈少毅 岳牡丹 著

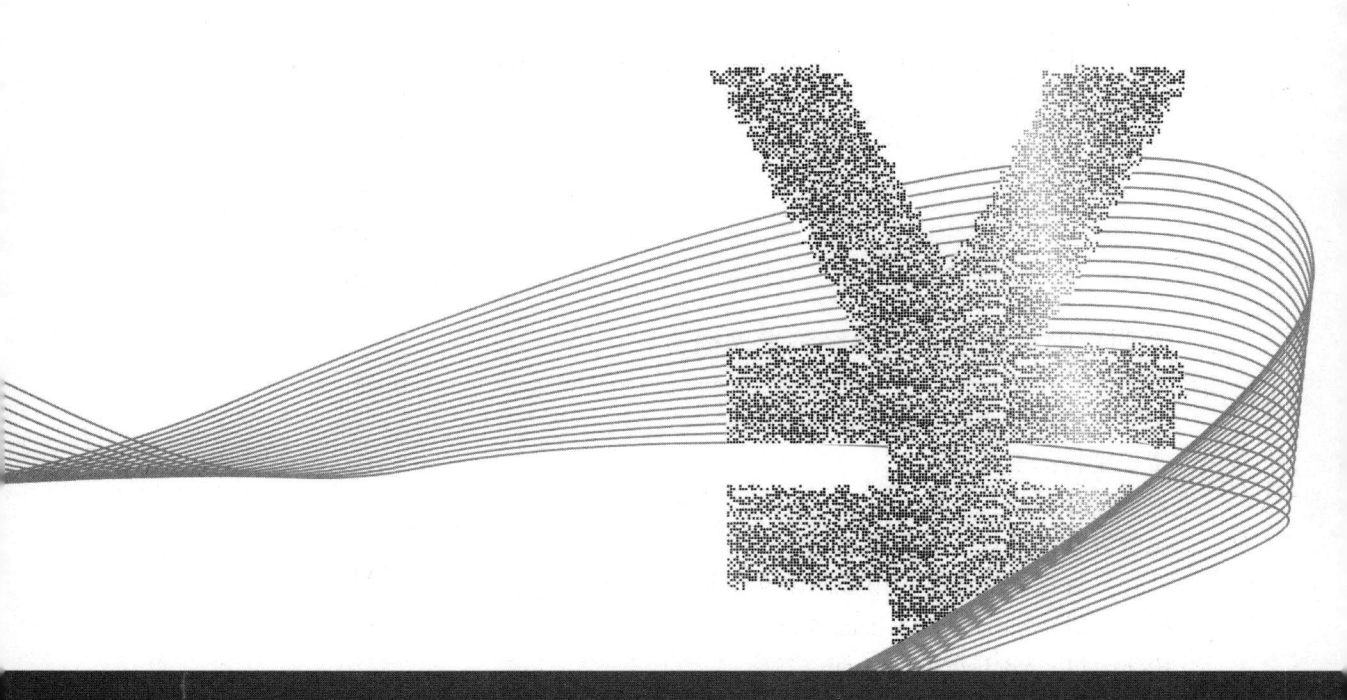

延邊大學出版社

图书在版编目（CIP）数据

新时期财务管理与企业经济发展研究 / 朱志慧，陈少毅，岳牡丹著. -- 延吉：延边大学出版社，2023.5
ISBN 978-7-230-04821-7

Ⅰ．①新… Ⅱ．①朱… ②陈… ③岳… Ⅲ．①企业管理—财务管理 Ⅳ．①F275

中国国家版本馆 CIP 数据核字(2023)第 079644 号

新时期财务管理与企业经济发展研究

著　　者：朱志慧　陈少毅　岳牡丹
责任编辑：王思宏
封面设计：文合文化
出版发行：延边大学出版社
社　　址：吉林省延吉市公园路 977 号　　邮　编：133002
网　　址：http://www.ydcbs.com
E-mail：ydcbs@ydcbs.com
电　　话：0433-2732435　　　　　　　　传　真：0433-2732434
发行电话：0433-2733056
印　　刷：三河市嵩川印刷有限公司
开　　本：787 mm×1092 mm　1/16
印　　张：10.25　　　　　　　　　　　　字　数：200 千字
版　　次：2023 年 5 月　第 1 版
印　　次：2023 年 5 月　第 1 次印刷
ISBN 978-7-230-04821-7

定　　价：68.00 元

前　言

随着社会经济的不断发展，企业要想在竞争日益激烈的市场中占据有利位置，就要在财务管理方面不断创新，建立科学、合理的管理系统。传统的企业财务管理模式已经不能满足时代发展的要求，在一定程度上会制约企业的发展，因此加强企业财务的创新管理，对促进企业经济的快速发展具有重要意义。在企业财务管理中，要根据实际要求不断进行改革和创新，充分发挥财务管理所具有的监督功能，促进企业经济的发展。

财务管理是企业管理的重要组成部分，在企业经济管理过程中凸显重要的作用，财务管理对于企业经济管理的重要性已逐渐被广大企业管理者所认同。在企业的经济管理中，要着重提高财务管理工作的核心地位，结合企业的实际情况，赋予财务部门相应的权力，保证企业财务部门的独立性，并努力提升企业财务人员的素质，适当增加财务人员参与企业决策的机会和范围，只有这样，财务管理才能从本质上促进企业经济向更高层次发展。

全书共分六章，对财务管理概况、筹资管理、投资管理、营运资金管理、利润分配管理、财务管理与企业经济发展进行了详细阐述。为了提升本书的学术性与严谨性，在撰写的过程中，笔者参阅了大量的文献资料，引用了诸多专家、学者的研究成果，在此向这些专家和学者表示最诚挚的感谢。由于时间仓促，加之笔者的水平有限，在撰写过程中难免出现不足的地方，希望各位读者不吝赐教，提出宝贵的意见，以便笔者在今后的学习中加以改进。

目　　录

第一章　财务管理概况 ··· 1
　　第一节　财务管理的基本概念 ··· 1
　　第二节　财务管理的目标、内容和原则 ····································· 6
　　第三节　财务管理的环节 ·· 14
　　第四节　财务管理的环境 ·· 18

第二章　筹资管理 ·· 29
　　第一节　筹资管理概述 ··· 29
　　第二节　权益资金的筹集 ·· 35
　　第三节　负债资金的筹集 ·· 42

第三章　投资管理 ·· 54
　　第一节　投资概述 ··· 54
　　第二节　金融市场 ··· 60
　　第三节　投资基金 ··· 66

第四章　营运资金管理 ·· 94
　　第一节　营运资金的概念及特点 ··· 94
　　第二节　货币资金管理 ··· 96
　　第三节　应收账款管理 ·· 104
　　第四节　存货管理 ·· 109
　　第五节　资金的时间价值 ··· 114

第五章　利润分配管理 ··· 116
　　第一节　利润分配概述 ·· 116

1

第二节 股利政策 122

  第三节 股票分割和股票回购 131

第六章 财务管理与企业经济发展 135

  第一节 企业财务管理与企业经济发展 135

  第二节 财务管理在企业经济管理中的作用 140

  第三节 财务管理与企业经济效益的关系 144

  第四节 财务管理对企业经济效益的影响 147

  第五节 财务管理提高企业经济效益的途径 151

参考文献 156

第一章 财务管理概况

第一节 财务管理的基本概念

一、财务管理的内涵与特征

（一）财务管理的内涵

财务管理是指在总的目标下，对资产的购买（投资）、资本的融通（融资）、经营中的现金流（流动资本）、利润的分配等方面的管理。它是企业经营中的一项重要内容，是依照金融法律法规、财务管理的基本原理，对企业进行财务管理。企业的财务行为是资本在企业再生产中的流动；财务关系是指企业与其他经济组织之间的经济利益联系，是通过企业资本流动而产生的。

（二）财务管理的特点

1. 涉及面广

从企业内部来说，企业的财务管理涉及企业生产、供应、销售等各个方面，企业内部并没有出现与资金脱节的情况，各个部门都要接受财务指导，并在合理使用资金、减少成本支出、提高资金使用效率等方面进行监督和制约。同时，企业的财务管理也为企业的生产、营销、质量、人力资源管理等提供了及时、准确、完整、连续的基础信息。此外，现代企业的财务管理还涉及各种不同的外部关系，其中包括企业与股东、债权人、政府、金融机构、供应商、员工等的关系。

2.综合性强

现代企业管理是一个由生产管理、市场营销管理、质量管理、技术管理、设备管理、人事管理、财务管理、物资管理等子系统共同组成的综合管理体系。当然,其他管理都是从一定的角度来组织、协调和控制企业的某个部分的,而这些部分所产生的管理效应,仅仅是在企业的部分生产和运行中发挥作用,而无法对整个企业的运作进行有效管理。财务管理则是一种价值管理,包括筹资管理、投资管理、权益分配管理、成本管理等多方面。由于是价值管理,所以财务管理能够及时、全面地反映出商品的经营状态,并以价值管理的形式对商品进行管理。因此,企业内部管理要从财务管理入手,以价值管理来协调、促进、控制企业的生产经营活动。

3.灵敏度高

在现代企业制度下,企业既是独立的法人组织,又是参与市场竞争的组织。现代企业制度要求企业资本实现保值和增值,这决定了企业经营管理的目标,即获得最大的经济效益。企业要生存,就必须能够以收抵支、到期偿债;企业要发展,就必须增加收入。在增加收入的同时,企业也要增加人、财、物,这些都会通过资金的流动充分地体现在企业的财政状况中,对实现财务目标有很大的影响。因此,财务管理是一切经营的根本,搞好财务管理,就是抓住了"牛鼻子",把管理工作落到实处。

二、财务管理的内容

企业的经营活动主要包括四个方面,即投资、融资、运营及利润分配。对制造企业来说,需要进行相关的成本管理和控制。从金融管理的角度来看,投资可分为短期投资和长期投资两种,融资又可分为长期融资与短期融资。由于短期投资、短期融资、营运现金流量管理三者之间存在着紧密联系,一般将三者结合起来,称之为营运资本管理。因此,本书将其分为四大类,即筹资管理、投资管理、营运资金管理和利润分配管理。

(一)筹资管理

企业应按照生产经营、发展战略、投资、资本结构等方面的需求,利用筹资途径和资本市场,依法、经济、有效地筹集企业所需的资金,并对其进行筹资管理。无论是创办新企业,还是运营已有的企业,都必须筹集到足够的资本。在筹资的过程中,一方面,要对筹资总额进行科学预测，确保筹资所需的资金到位；另一方面，要从筹资途径、筹资渠道、筹资方式等方面来确定筹资结构，以减少筹资费用、提高企业效益、控制相关筹资风险。因此，筹资管理在企业的经营活动中占有举足轻重的地位。

（二）投资管理

投资是企业生存、发展和进一步获利的前提条件。为了获得较好的经济效益，企业要把获得的收益利用起来。在进行投资管理时，不仅要考虑投资的规模，而且要根据投资的方向和方法合理地选择投资组合方式，以提高投资效率，减少投资风险。不同的投资项目，对企业的价值、金融风险的影响也是不同的。企业的投资可分为对内投资和对外投资两种。对内投资是指企业将募集到的资金投入到企业的资产中，如固定资产、无形资产等；对外投资是指企业将募集到的资金用来购买股票、债券、出资成立新企业或与其他企业合资经营，以获取更多的投资回报。如果投资决策不科学、投资结构不合理，投资项目就无法取得预期的收益和回报，从而影响企业的收益和偿债能力。投资决策是否合理，将直接影响到企业的兴衰，所以要进行科学的投资管理。

（三）营运资金管理

在企业的日常生产和运营过程中，存在着一系列的流动资产和流动负债。企业的营运资金在企业总资金中所占比例很高，是企业财务管理中的一个重要环节。营运资金管理包括确定现金持有计划、应收账款的信用标准、信用条件和回收策略、存货周期、存货数量、订货计划、短期贷款计划和商业信贷融资计划等。如何节约资金、提高资金使用效率，如何进行流动资产的投资和筹资，如何对流动负债进行有效管理，这些都需要先对其进行规划。

（四）利润分配管理

企业的利润分配是指企业在一定时间内，通过对企业内部、外部利益相关者的合理分配，实现企业的销售预期目标和价格管理。利润是企业经济利益的源泉，而利润的分配则是企业经济利益的流向，将二者结合起来，形成了一个完整的经济利益链。第一次分配是补偿成本费用，这种补偿是在再生产中自然发生的，而利润分配是对初次分配结果的再分配。企业的净利润可按投资者的意愿和企业的生产和运营需求进行分配，或将其作为投资收入，或将其暂存于企业，以形成尚未分配的利润，或用于投资者的投资。

企业财务人员要正确地确定资金配置的大小和结构，以保证企业的长远利益最大化。

以上四个方面的财务管理是相互联系、相互制约的。筹资是企业发展的根本，没有资本的支持，企业就无法生存和发展。企业筹集到的资金必须被有效地投入使用，才能达到筹资目标，并持续地增加和发展。投资和筹资的结果取决于资本的运作，筹资和投资在某种程度上影响着企业的经营状况，而企业的日常运作也必须对其进行有效管理和控制，以获得更好的利用效益。利润分配会影响到筹资、投资、营运资本等各个方面，而利益分配的来源既是上述各方面的综合作用，又会对以上各方面产生反作用。投资管理、筹资管理、营运资金管理、利润分配管理等都是企业实现价值创造必不可少的一环，对企业的健康发展和持续发展起着至关重要的作用。

三、企业财务关系

企业财务关系是指企业在组织财务活动过程中与各有关方面发生的经济利益关系。企业的筹资、投资、经营、利润分配等管理活动与企业内部、外部的各方面都有广泛的联系，企业的财务关系可概括为以下八个方面：

（一）企业与投资者之间的财务关系

企业与投资者之间的财务关系，主要是指企业的投资者向企业投入资金，企业向其投资者支付投资报酬所形成的经济关系，是最根本的财务关系。企业的投资者主要有国家、法人、个人和境外投资者。企业的投资者按照投资合同、协议、章程的约定履行出资义务，而企业利用投资者的出资经营，实现利润后，按照出资比例、合同和章程的约定向投资者分配利润。企业与其所有者之间的财务关系体现所有权的性质，反映经营权和所有权的关系。

（二）企业与债权人之间的财务关系

企业与债权人之间的财务关系，是指企业向债权人贷款，按照贷款合同约定的期限按期偿还贷款利息、偿还本金。为了减少资金成本，扩大企业的经营规模，企业除了使用自己的资金进行业务往来之外，还需要借入一定的资金。企业的债权人包括债券持有人、放款机构、商业信贷提供者及其他给企业提供借款的机构和个人。在企业占用了债权人的资金后，应当按照约定的利率和时间向债权人支付利息；当债务到期时，应及时将本金偿还给债权人。企业与债权人的财务关系是一种债权关系，它反映了债权的本质特征。

（三）企业与被投资单位之间的财务关系

企业与被投资单位之间的财务关系主要是指在企业经营规模不断扩大后，企业以购买股票或直接投资的形式，向其他企业投资所形成的经济关系。企业向其他单位投资，应按照约定履行出资义务，参与被投资单位的利润分配。企业与被投资单位之间的关系体现的是所有权性质的投资与受资关系。

（四）企业与债务人之间的财务关系

企业与债务人的财务关系，是指企业以购买债券、借款或信贷等方式，向他人借款而产生的一种财务关系。在借款后，企业有权向债务人提出借款，并按照协议条款偿还本金。企业和债务人的关系是债权和债务的关系。

（五）企业与往来单位之间的财务关系

企业与往来单位之间的财务关系，主要体现在企业与供应商、客户之间由于购买商品、销售产品、提供劳务等发生经济交往所形成的经济关系。该类经济关系主要涉及业务往来中的收支结算，要及时收付款项，以免相互占用资金。企业与往来单位之间的财务关系体现的是购销合同义务关系，在性质上属于债权与债务关系。

（六）企业内部各单位之间的财务关系

企业内部各单位之间的财务关系主要是指企业内部各单位之间在生产经营各环节相互提供产品或劳务所形成的经济关系。在实行内部责任核算制度的条件下，企业供、产、销各部门及各生产经营单位间相互提供产品和劳务，要确定内部转移价格，进行计价结算，因而形成了企业内部的资金结算关系。

（七）企业与员工之间的财务关系

企业与员工之间的财务关系，是指企业在为员工提供劳务报酬时所产生的一种经济关系。企业应根据其产品的销售所得，支付职工工资、津贴、奖金等，并根据员工所提供的服务的质量和数量向其支付工资。企业和员工的财务关系反映了企业和员工对劳动成果的分配关系。

（八）企业与政府之间的财务关系

企业与政府之间的财务关系，主要体现为税收法律关系。政府作为社会的管理者，需要一定的财政收入作为保障。因此，企业应根据税收法律相关规定，向政府缴纳各种税款，政府有义务为企业提供必要的社会服务和良好的经营环境。企业与政府之间的财务关系是一种依法纳税和提供基础服务的关系。

第二节 财务管理的目标、内容和原则

一、财务管理的目标

财务管理的目标是在特定的理财环境中，通过组织财务活动、处理财务关系所要达到的目的。从根本上说，财务管理的目标取决于企业的生存目的或企业目标，取决于特定的社会经济模式。企业财务管理的目标具有体制性特征，整个社会的经济体制、经济模式和企业所采取的组织制度，在很大程度上决定着企业财务管理的目标的取向。根据现代企业财务管理的理论和实践，最具有代表性的财务管理目标主要有以下三种：

（一）利润最大化

利润是企业在一定期间内全部收入和全部费用的差额，它反映了企业当期经营活动中投入（所费）与产出（所得）对比的结果。假定在企业的投资预期收益确定的情况下，财务管理行为将朝着有利于企业利润最大化的方向发展。以追逐利润最大化作为财务管理的目标，主要原因有三：一是人类从事生产经营活动的目的是创造更多的剩余产品，在商品经济条件下，剩余产品的多少，可以用利润这个价值指标来衡量；二是在自由竞争的资本市场中，资本的使用权最终属于获利最多的企业；三是只有每个企业都最大限

度地获得利润，整个社会的财富才可能实现最大化，从而才能带来社会的进步和发展。在社会主义市场经济条件下，企业作为自主经营的主体，所创利润是按照收入与费用配比原则加以计算的。这样，不仅可以直接反映企业所创造剩余产品的多少，而且也在一定程度上反映出企业经济效益的高低和对社会贡献的大小。同时，利润也是企业补充资本、扩大经营规模的源泉。

在实践中，利润最大化的目标存在着一些难以解决的问题：

（1）这里的利润是指企业在一定时期实现的利润总额，没有考虑资金的时间价值。

（2）没有反映创造的利润与投入的资本之间的关系，因而不利于不同资本规模的企业或同一企业不同会计期间之间的比较。

（3）没有考虑风险因素，高额利润往往要承担过大的风险。

（4）片面追求利润最大化，可能导致企业的短期行为，例如忽视产品开发、人才开发、生产安全、技术装备水平、生活福利设施和履行社会责任等。

（二）资本利润率最大化或每股利润最大化

资本利润率是利润额与资本额的比率，每股利润是利润额与普通股股数的比值，这里的利润额是净利润。所有者作为企业的投资者，其投资目标是取得资本收益，具体表现为净利润与出资额或股份数（普通股）的对比关系。这个目标的优点是把企业实现的利润同与投入的资本或股本数进行对比，能够说明企业的盈利水平，可以在不同资本规模的企业或同一企业不同会计期间之间进行比较，能揭示其盈利水平的差异。但该指标没有考虑资金时间价值和风险因素，所以也不能避免企业的短期行为。

（三）企业价值最大化

投资者创立企业的重要目的在于创造尽可能多的财富。这种财富首先表现为企业的价值，企业价值不是账面资产的总价值，而是企业全部财产的市场价值，它反映了企业的潜在或预期获利能力。投资者在评价企业价值时，是以投资者预期投资为起点的，并将未来收入按预期投资时间的同一口径进行折现，未来收入的多少，按可能实现的概率进行计算。可见，这种计算方法考虑了资金的时间价值和风险问题，企业所得的收益越多，实现收益的时间越近，应得的报酬越确定，则企业的价值越大或股东财富越多。

以企业价值最大化作为财务管理的目标，其优点主要表现在以下方面：

（1）该目标考虑了资金的时间价值和投资的风险价值，有利于统筹安排长期和短期规划、合理选择投资方案、有效筹措资金、合理制定股利政策等。

（2）该目标反映了对企业资产保值增值的要求，从某种意义上说，股东财富越多，企业市场价值就越大，追求股东财富最大化的结果可促使企业资产保值或增值。

（3）该目标有利于克服管理上的片面性和短期行为。

（4）该目标有利于社会资源的合理配置。社会资金通常流向企业价值最大化或股东财富最大化的企业或行业，有利于实现社会效益的最大化。

以企业价值最大化作为财务管理的目标，主要存在以下问题：

（1）对于股票上市企业，虽然可以通过股票价格的变动揭示企业价值，但是股价是受多种因素影响的结果，特别是在即期市场上的股价不一定能够直接揭示企业的获利能力，只有长期趋势才能做到这一点。

（2）为了控股或稳定购销关系，现代企业大多采取环形持股的方式相互持股。法人股东对股票市价的敏感程度远不及个人股东，对股价最大化目标没有足够的兴趣。

（3）对于非股票上市企业，只有对企业进行专门的评估，才能真正确定其价值。而在评估企业的资产时，由于受评估标准和评估方式的影响，这种估价不易做到客观和准确，这也会导致企业价值确定的困难。

本书以企业价值最大化作为财务管理的目标。

二、财务管理内容

企业财务管理是以企业财务活动为对象，对企业资金实行决策和计划控制。财务管理的基本点是在社会主义市场经济条件下，按照资金运动的客观规律，对企业的资金运动及其引起的财务关系进行有效管理。其中，以财务决策作为财务管理的核心。

（一）资金筹集管理

企业的资金包括权益资金和负债资金。企业筹集资金的基本要求是：遵照国家法律和政策的要求，从不同渠道，用不同方式，按照经济核算的原则筹集资金，从数量上满足生产经营的需要，同时要考虑降低资金成本，减少财务风险，提高筹资效益，以实现财务管理的目标。

资金筹集是企业财务管理中一项最基本的管理内容。筹资决策是筹资管理的核心，筹资预测是为筹资决策服务的，而筹资计划则是筹资决策的具体化。筹资决策所要解决的问题是筹资渠道、筹资方式、筹资风险和筹资成本等，要求确定最佳的资本结构，选择最合适的筹资方式，并在风险与成本之间权衡得失。

筹资决策的内容，应包括以下几个方面：

（1）预测企业资金的需要量，估计筹资额度。

（2）规划企业的筹资渠道和资本结构，合理筹集和节约使用资金。

（3）规划企业的筹资方式，使筹集的资金符合实际的需要。

（4）确定企业的资金成本和资金风险，使企业获得最佳收益，并防止因决策失误而造成损失。

（5）保持一定的举债余地和偿债能力，为企业的稳定和发展创造条件。

（二）投资管理

企业投资包括固定资产投资、流动资产投资、证券投资和对其他企业的直接投资。投资管理的基本要求是：建立严密的投资管理程序，充分论证投资在技术上的可能性和经济上的合理性。在收益和风险同时存在的条件下，力求做好预测和决策，以减少风险，提高收益。

企业筹集的资金必须投入到生产经营中去，并收回现金，取得盈利。在作出投资决策时，需考虑的问题主要是投资的对象、投资的时期、投资的报酬和投资的风险，力求选择收益大、风险小的投资方案。

投资决策的主要内容，应包括以下六个方面：

（1）预测企业的投资规模，使之符合企业的需求和偿债能力。

（2）确定企业的投资结构，分散资金投向，提高资产流动性。

（3）分析企业的投资环境，正确选择投资机会和投资对象。

（4）研究企业的投资风险，把风险控制在一定限度内。

（5）评价投资方案的收益和风险，进行不同的投资组合。

（6）选择最佳的投资方案，为实现企业的整体目标而服务。

（三）利润及其分配管理

利润及其分配管理包括企业销售收入管理、利润管理和利润分配管理。其基本的管理要求是：认真做好销售预测和销售决策，开拓市场，扩大销售，确保货款回笼；认真做好利润预测和利润计划，确保利润目标的实现，并合理分配盈利，确保各方面的利益。

企业收益的分配影响到企业的长远利益和股东的收益，一方面，企业应通过降低成本、减少风险，扩大企业内部的积累，保留更多的盈余，进行各种新的投资；另一方面，企业也要考虑股东的近期利益，发放一定的股利，以调动股东的积极性。

收益分配决策的主要内容，包括以下四个方面：

（1）分析企业盈利情况和资金变现能力，协调好企业近期利益和长远发展的关系。

（2）研究市场环境和股东意见，使利润分配贯彻利益兼顾的原则。

（3）确定股利政策和股利支付方式，使利润分配有利于增强企业的发展能力。

（4）筹集股利资金，按期进行利润分配。

财务管理中的筹资决策、投资决策和利润分配决策三项内容是互为因果、相互联系的。有了较好的筹资决策，就会有较多的投资机会和较低的投资成本，也就会有较多的收益可供分配；有较好的投资决策，就会实现较多的利润，提供较多的资金；而有了较好的利润分配决策，就能调动投资各方的积极性，创造更多的筹资途径和投资机会。所以，在进行财务管理时，必须把这几项内容联系起来，加以统筹安排。

（四）成本费用管理

成本费用反映了企业在生产经营过程中的资金耗费。合理降低成本费用，对节约资金使用、增加利润具有决定性意义，其管理内容包括成本费用的目标管理、成本费用的计划管理和成本费用的控制。

成本费用管理是财务管理的一个重要部分，但它是一项财务管理、生产管理与技术管理相并列的综合性管理工作，在财务管理中，仅作为一个方面加以阐述，不能把全部成本管理包括在内。

产品成本的管理内，着重进行以下四个方面的工作：

（1）加强产品成本的预测，并为编制成本计划、进行技术经济分析提供数据。

（2）编制产品成本计划，反映单位产品成本结构及其在计划期内应达到的成本水平，并提出降低成本的主要措施。

（3）按照企业的成本计划或目标成本进行控制和考核，纠正实际与计划、目标的偏离，或进行必要的调整，从而对企业的生产经营活动进行指导、调节和监督。

（4）从严抓好质量，把质量指标和成本指标落实到每个部门和每个职工，使质量成为每个职工的奋斗目标，从而努力实现产销与效益的同步增长。综上所述，财务管理的内容就是企业在再生产过程中的资金运动及其所体现的财务关系。

三、财务管理的原则

财务管理原则是企业在自觉认识和掌握财务规律的基础上，用来组织财务活动，处理财务关系的行为准则。它是从企业理财实践中概括出来的，体现理财活动规律性的行为规范，是对财务管理工作的基本要求，这些原则一般包括以下七项：

（一）系统原则

财务管理从资金筹集开始，到资金收回为止，经历了资金筹集、资金投放、资金收回与资金分配等几个阶段，这几个阶段互相联系、互相作用，组成一个整体，具有系统的性质。为此，做好财务管理工作，必须从财务管理系统的内部和外部联系出发，从各组成部分的协调和统一出发，这就是财务管理的系统原则。

在财务管理中应用系统原则的中心是在管理中体现系统的基本特征，即系统具有目的性、系统具有整体性、系统具有层次性、系统具有环境适应性。系统原则是财务管理的一项基本原则，在财务管理实践中，分级分口管理、目标利润管理、投资项目的可行性分析等都是根据这一原则来进行的。

（二）资金合理配置原则

财务管理主要是资金管理，其对象是资金及其流转。资金的占用形态具有并存性和继起性，如企业资金必须同时分别占用在储备资金、生产资金、成品资金、结算资金等各种形态上，而每一部分都不断地依次由一个阶段过渡到另一个阶段。只有把企业的资金按合理的比例配置在生产经营的各个阶段上，才能保证生产经营活动的顺畅运行，否则就会危及企业购、产、销活动的协调。因此，合理配置资金，即通过资金活动的组织和调节，来保证各项物质资源具有最合理的结构比例关系，是企业持续、高效经营必不可少的条件。

（三）收支平衡原则

收支平衡原则是指企业在财务管理中，不仅要关心资金存量，而且要关注资金流量，力求使资金收支在数量上和时间上达到动态的协调平衡。企业取得资金,意味着一次资金循环的终结;企业发生资金支出,则意味着另一次资金循环的开始。所以,资金收支是资金周转的纽带,要保证资金周转顺利进行,就要求资金收支不仅在一定期间的总量上求得平衡,而且在每一个时点上协调平衡。

收不抵支固然会导致资金周转的中断或停滞,但如果全月收支总额可以平衡,而支出大部分发生在先,收入大部分形成在后,也必然会妨碍资金的顺利周转。资金收支在每个时点上的平衡性,是资金循环过程得以周而复始进行的条件。

(四)成本效益原则

成本效益原则是指对企业生产经营活动中的所费与所得进行比较,对经济行为的得失进行衡量,使成本与效益两个方面得到最佳结合,以便获得更多的盈利,提高经济效益。企业讲求经济效益,要求以尽可能少的劳动占用和劳动消耗,创造出尽可能多的、好的劳动成果。劳动占用和劳动消耗的货币表现就是资金占用和成本费用,劳动成果的货币表现就是营业收入和利润。实行成本效益原则,就是要求在企业财务管理中,正确处理成本费用与收入和利润的关系。为此,企业在筹资时,要对资金成本率与息税前资金利润率进行分析、比较;在投资时,要对项目的投资额与各期投资收益额进行对比;在企业经营活动中,要对企业产品和劳务的成本费用与其营业收入、利润进行分析、比较。通过上述计算、分析和比较,促使企业降低成本费用,增加收入,提高盈利,保证企业财务管理目标的实现。

(五)收益风险均衡原则

在激烈的市场经济竞争中,企业进行生产经营活动不可避免地会遇到风险。财务活动中的风险是指无法达到预期报酬的可能性。企业要想获得收益,就不能回避风险,收益与风险同时存在,并且它们成正比关系,即收益大风险也大,收益小风险也小。收益与风险均衡原则要求企业从事生产经营活动,不能只顾追求收益、不考虑风险的存在。在财务管理工作中,不仅要有收益观念,更应增强风险意识,以便在进行财务决策时,对风险和收益进行全面预测,作出正确的分析和判断,从而选择最佳的方案,使收益与风险均衡,做到既能降低风险,又能得到较高收益,还要尽可能分散风险,趋利避害,化风险为机遇,以便获得最大的收益。

（六）弹性原则

弹性是指企业适应市场变化的能力，即企业生产经营和财务活动的可调整性。弹性原则要求企业在财务管理工作中，必须在追求准确和节约的同时，留有合理的伸缩余地，以便当市场出现变动时，企业可以随时、自动地进行调整。之所以要保持合理的弹性，主要有三个方面的原因：

（1）财务管理的环境是复杂多变的，企业缺乏完全的控制能力；

（2）企业财务管理人员的素质和能力不可能达到理想的境界，在管理中可能会出现失误；

（3）财务预测、决策、计划都是对未来的一种大致的规划，不可能完全准确。因此，要求企业在财务管理的各个方面和各个环节保持可调节的余地。在财务活动中遵循弹性原则，就会使财务管理者主动、自觉地适应市场和企业不断变化的情况，从而使企业生产经营和财务活动得以顺利进行。

（七）兼顾各方利益原则

企业在筹资、投资、分配等财务活动过程中形成与国家、投资者、债权人、债务人、职工及企业内部各部门之间的财务关系。这一关系实质上是物质利益关系，要处理好这一关系，必须实行兼顾各方利益的原则。例如，在企业与投资者、股东之间，企业对投资者要做到资本保全，并合理安排股利分配与盈余公积提取的比例，在各种投资者之间合理分配股息红利，在与债权人的关系中，要按期还本付息；在企业与企业之间，应坚持等价交换，并通过罚金、赔款等形式维护经济合同的严肃性；在企业内部的各单位之间，要划清经济责任和经济利益，实行奖优罚劣；在企业与职工之间，实行按劳分配，把职工的收入与劳动成果挂起钩来。在处理各种经济关系时，要遵守国家的法律法规，认真执行相关政策，维护各方的合法权益，正确运用价格、股利、利息、奖金、罚款等经济手段，建立激励机制和约束机制，处理好财务活动当事人之间的经济利益关系，以保障企业生产经营活动顺利、高效地运行。

第三节 财务管理的环节

财务管理的环节是指财务管理的工作步骤与一般程序。一般说来，企业财务管理包括以下五个环节。

一、财务预测

财务预测是根据财务活动的历史资料，考虑现实的要求和条件，对企业未来的财务活动和财务成果作出科学的预计和测算。财务预测环节的主要任务在于：测算各项生产经营方案的经济效益，为决策提供可靠的依据；预计财务收支的发展变化情况，以确定经营目标；测定各项定额和标准，为编制计划、分解计划指标服务。具体地说，财务预测环节的工作主要包括下面四个步骤：

（一）明确预测目标

财务预测的目标，即财务预测的对象和目的。预测目标不同，则预测资料的收集、预测模型的建立、预测方法的选择，以及预测结果的表现方式等也有不同的要求。为了达到预期的效果，必须根据管理决策的需要，明确预测的具体对象和目的，如降低成本、增加利润、加速资金周转等，从而规定预测的范围。

（二）收集相关资料

根据预测对象和目的，广泛收集与预测目标相关的各种资料信息，包括内部和外部资料、财务和生产技术资料、计划和统计资料等。对所收集的资料，除了进行可靠性、完整性和典型性的检查外，还必须进行归类、汇总、调整等加工处理，使资料符合预测的需要。

（三）建立预测模型

建立预测模型，即根据影响预测对象的各个因素之间的相互联系，建立相应的财务预测模型。常见的财务预测模型，包括因果关系预测模型、时间序列预测模型及回归分析预测模型等。

（四）实施财务预测

实施财务预测，即将经过加工整理的资料代入财务预测模型，选取适当的预测方法，进行定性、定量分析，确定预测结果。

二、财务决策

财务决策是指财务人员在财务目标的总体要求下，通过专门的方法，从各种备选方案中选出最佳方案。在市场经济条件下，财务管理的核心是财务决策，财务预测是为财务决策服务的，决策关系到企业的兴衰成败。财务决策环节的工作主要包括下列步骤：

（一）确定决策目标

由于各种不同的决策目标所需的决策分析资料不同，所采取的决策依据也不相同，因此只有明确决策目标，才能有针对性地做好各个阶段的决策分析工作。

（二）提出备选方案

根据决策目标，运用一定的预测方法，对所搜集的资料进行进一步加工、整理，提出实现目标的各种可供选择的方案。

（三）选择最优方案

备选方案提出后，根据决策目标，采取一定的方法，分析、评价各种方案的经济效益，进行综合权衡，从中选择最优方案。

三、财务预算

财务预算是运用科学的技术手段和数量方法，对目标进行综合平衡，制订主要的计划指标，拟定增产节约措施，协调各项计划指标。财务预算是以财务决策确立的方案和财务预测提供的信息为基础编制的，是财务预测和财务决策的具体化，是控制财务活动的依据。财务预算的编制，一般包括以下三个步骤：

（一）分析财务环境，确定预算指标

根据企业的外部宏观环境和内部微观状况，运用科学方法，分析与所确定的经营目标有关的各种因素，按照总体经济效益原则，确定出主要的预算指标。

（二）协调财务能力，组织综合平衡

要合理安排人力、物力、财力，使之与经营目标的要求适应，资金运用与资金来源相平衡，财务收入与财务支出相平衡，还要努力挖掘企业的潜力，从提高经济效益出发，对企业各方面的生产经营活动提出要求，确定好各单位的预算指标。

（三）选择预算方法，编制财务预算

以经营目标为核心，以平均先进定额为基础，编制企业的财务预算，并检查各项相关的预算指标是否密切衔接、协调平衡。

四、财务控制

财务控制是在财务管理的过程中，利用有关信息和特定手段，对企业财务活动施加影响或调节，以便实现预算指标、提高经济效益。实行财务控制是落实预算任务、保证预算实现的有效措施。一般而言，财务控制要经过以下三个步骤：

（一）制定控制标准，分解落实责任

按照责权利相结合的原则，将预算任务以标准和指标的形式，分解、落实到车间、科室、班组、个人。这样，对企业内部每个单位、每个职工都有明确的工作要求，便于

落实责任，检查考核。

（二）实施追踪控制，及时调整误差

在日常财务活动中，应采取各种手段对资金的收付、费用的支出、物资的占用等实施事先控制。凡是符合标准的，就予以支持，并给予机动权限；凡是不符合标准的，则加以限制，并研究处理。

在预算执行过程中，还应对结果与目标的差异及时进行调整，以使预算得以顺利执行。在执行过程中，要详细记录预算的执行情况，将实际数与预算数或其他标准数进行对比，考察可能出现的变动趋势，确定差异的程度和性质，确定造成差异的责任归属，随时调节实际过程，以消除差异，顺利实现预算指标。

（三）分析执行差异，搞好考核奖惩

企业在一定时期终了后，应对各责任单位的预算执行情况进行分析、评价，考核各项财务指标的执行结果，把财务指标的考核纳入各级岗位责任制，运用激励机制，实行奖优罚劣。

五、财务分析

财务分析是根据核算资料，运用特定方法，对企业财务活动过程及其结果，进行分析和评价的一项工作。通过财务分析，可以掌握各项财务计划的完成情况，评价财务状况，研究和掌握企业财务活动的规律性，改善财务预测、决策、预算和控制，改善企业的管理水平，提高企业的经济效益。一般而言，财务分析包括以下四个步骤：

（一）占有资料，掌握信息

开展财务分析，应先充分占有有关资料和信息。财务分析所用的资料，通常包括财务预算等计划资料、本期财务报表等实际资料、财务历史资料，以及市场调查资料。

（二）指标对比，揭露矛盾

对比分析是揭露矛盾、发现问题的基本方法。财务分析要在充分占有资料的基础上，

通过数量指标的对比,来评价企业业绩,发现问题,找出差异。

(三)分析原因,明确责任

影响企业财务活动的因素,有生产技术方面的,也有生产组织方面的;有经济管理方面的,也有思想政治方面的;有企业内部的,也有企业外部的。这就要求财务人员运用一定的方法,从各种因素的相互作用中找出影响财务指标的主要因素,以便分清责任,抓住关键。

(四)提出措施,改进工作

企业财务分析,要在掌握大量资料的基础上,去伪存真,去粗取精,由此及彼,由表及里,找出各种财务活动之间、财务活动与其他经济活动之间的本质联系,提出改进措施。提出的措施应当明确具体,切实可行,并通过改进措施的落实,推动企业财务管理的发展。

第四节 财务管理的环境

财务管理环境,是指企业内部、外部各种因素对企业的经营和发展产生的影响。企业的财务活动是在特定的环境中进行的,环境决定了企业的财务管理情况。而财务管理的环境涉及的范围很广,如政治和经济形势、经济法规的完善程度、企业面临的市场状况、企业的生产条件等。本节主要讨论企业的几种重要环境,包括社会文化环境、技术环境、经济环境、金融环境、法律环境等。

一、社会文化环境

社会文化环境,是指人们在特定的社会环境中形成的习俗观念、价值观念、行为准则、教育程度,以及人们对经济和财务的传统看法等。

社会文化环境包括教育、科学、文学、艺术、新闻出版、广播电视、卫生体育、世界观、习俗，以及与社会制度相适应的权利义务观念、道德观念、组织纪律观念、价值观念和劳动态度等。

与人类社会的生产活动不同，社会文化构成了人类的精神活动，作为人类的一项社会活动，社会文化的各个方面必然会对企业的财务活动产生影响。

二、技术环境

财务管理的技术环境直接影响着企业的经营效益和生产状况。目前，我国进行财务管理的信息基础是由会计系统提供的，占企业经济信息总量的60%～70%。在企业内部，会计信息主要用于管理人员的决策；而在企业的外部，会计信息的作用主要是为投资者和债权人提供参考依据服务。

当前，我国正在全面推行会计信息化，大力培养会计信息技术人才，基本上实现了大型企事业单位会计信息化与经营管理信息化的融合，进一步提升了企事业单位的管理水平和风险防范能力，做到了财务资源共享，便于不同信息使用者获取、分析和利用会计信息，进行企业投资和相关决策；通过信息化手段，基本实现了大型会计师事务所审计工作的便捷性，提高了审计的质量和效率；在此基础上，我国政府的财务管理与监督工作已基本完成，并将进一步提高我国政府的财务管理和监督效能。全面推行会计信息化，将使我国会计信息化建设与国际接轨。随着我国企业会计工作的全面开展，将进一步完善和优化企业财务管理的技术环境。

三、经济环境

在影响企业经营的诸多外在环境中，最主要的因素就是经济环境。经济环境包括经济体制、经济周期、经济发展水平、宏观经济政策和通货膨胀水平等。

（一）经济体制

在计划经济时期，国有企业的资本、投资、盈亏都是由国家统一管理的，企业的利润统一上缴，企业的亏损由国家来承担。

在市场经济条件下，企业可以自主经营、自负盈亏，拥有独立的经营管理权和理财权。企业可以根据自己的发展需求，合理地决定资金需求量，然后在市场上募集资金，将资金投入到高效率的项目中，获得更多的利益，最终按照自己的需求来分配利润，从而确保企业的财务活动始终按照自己的经营情况和外部环境来制定和执行。

因而，目前的企业财务管理活动更加丰富，形式更加多样。

（二）经济周期

在市场经济中，经济的发展和运行是有一定的波动性的，在总体上经历了复苏、繁荣、衰退和萧条四个阶段。在不同的经济周期中，企业应该采取不同的财务管理手段和策略。

（三）经济发展水平

财政管理水平与经济发展水平有很大的关系，随着经济的发展，企业的财务管理水平也会随之提高。提高企业的财务管理水平，可以促使企业降低成本，提高效率，提高效益，进而提高经济发展水平；而随着经济的发展，企业的财务战略、财务理念、财务管理模式、财务管理方式等都会发生变化，进而推动财务管理的进步。财务管理要立足于经济发展的高度，立足于宏观经济发展的目标，从企业经营状况的视角，来保障企业的生产目标与战略发展水平。

（四）宏观经济政策

不同的宏观调控政策，对企业的经营会产生不同的影响。货币发行、信贷规模等财政政策对企业的投资融资渠道和投资回报产生了一定的影响；税收政策对企业资本结构、投资项目的选择有一定的影响；定价策略会对资金的投入、投资的回收期和预期的回报产生一定的影响；会计体制的变革将影响到会计要素的确定与测量，从而影响到企业的事前预测、事前决策，以及事后的评估。

（五）通货膨胀水平

通货膨胀对企业的财务活动会产生多种影响，具体包括以下五个方面：

（1）造成资本的大量占用，导致企业融资的需求增大。

（2）使企业的利润增加，使企业的资本因利益的分配而损失。

（3）提高利率，增加了企业的融资成本。
（4）使证券价格下跌，使企业融资困难。
（5）造成资金供应困难，使企业融资困难。

企业要想降低通货膨胀对企业的负面影响，就必须采取相应的措施。在通货膨胀的早期，货币存在着贬值的危险，此时，企业进行投资，可以规避风险，从而达到资产的保值；在与顾客订立长期买购合约时，降低因价格上升而造成的亏损；获取长期债务并维持资金成本的稳定性。

在通货膨胀持续期间，企业可以采取较为苛刻的信贷条款，来降低企业的债务；对企业的财务政策进行调整，预防和降低企业的资金损失。

四、金融环境

（一）金融市场的含义与构成要素

1.金融市场的含义

金融市场是指资金融通的场所，它有广义和狭义之分。广义的金融市场泛指一切金融性交易，包括货币借贷、票据承兑和贴现、有价证券的买卖、黄金和外汇的买卖等。狭义的金融市场一般指有价证券的买卖市场。企业资金的取得与投资都与金融市场密不可分，金融市场发挥着金融中介、调节资金余缺的功能。熟悉金融市场的各种类型及管理规则，可以让企业财务人员有效地进行资金筹措和资本投资活动。

2.金融市场与企业财务管理的关系

金融市场是与企业财务管理关系最密切的环境，主要表现在以下三个方面：

（1）金融市场是企业筹资和投资的场所。在金融市场上，存在多种多样方便灵活的筹资方式，当企业需要资金时，可以到金融市场上选择合适的筹资方式，筹集所需要的资金，以保证生产经营的顺利进行。而当企业有闲置资金时，企业也可以到金融市场选择灵活的投资方式，为资金的使用寻找出路，如银行存款、投资债券或购买股票等。

（2）企业能够在金融市场中进行资金的自由流动。在金融市场中，企业可以通过各种融资方式，实现资本在时间、空间、资本规模等多种形态上的转化。例如，企业所持有的可上市的可流通公债，可以在任何时候转换成短期资本；远期票据可以折现成现金；在金融市场上，大量的可流通储蓄存款也可以作为一种短期资产出售。

（3）金融市场对企业进行财务管理具有重要意义。金融市场的利率变化反映了资金的供需情况，而股票的价格波动则是投资者对企业经营和收益的一个客观评估，也是企业投资、融资的重要参考。

3.金融市场的构成要素

金融市场的构成要素，主要有以下四个：

（1）金融市场主体。金融市场的主体包括个人、法人、金融机构和政府。金融机构包括银行和非银行机构，它们是资金和投资人之间的桥梁。中国的银行体系主要有中国人民银行、政策性银行、商业银行三大类。中国人民银行是国家货币政策制定、国库管理和其他有关职能的中央银行。政策性银行是国家为了实现国家产业政策和区域发展政策而建立起来的一种非营利性金融组织。商业银行是以经营存款、贷款、办理转账结算为经营目的，以获得利润为经营目的的一种金融银行。非银行金融机构包括保险公司、信托公司、证券公司、金融公司和金融租赁公司等。

（2）金融市场客体。金融市场客体即金融工具，是金融市场的交易对象。金融工具按发行和流通场所，划分为货币市场证券和资本市场证券。

①货币市场证券。货币市场证券属于短期债务，到期期限通常为一年或更短的时间，主要是政府、银行及工商业企业发行的短期信用工具，具有期限短、流动性强和风险小的特点。货币市场证券包括商业本票、银行承兑汇票、短期债券等。

②资本市场证券。资本市场证券是公司或政府发行的长期证券，到期期限超过一年，实质上是一年期以上的中长期资本市场证券。资本市场证券包括普通股、优先股、长期公司债券、国债、衍生金融工具等。

（3）金融市场的组织形式和管理方式。金融市场的组织形式主要有交易所交易和场外交易两种；交易的方式主要是现货交易、期货交易、期权交易和信用交易；管理方式主要由上述管理机构和国家法律来管理和规范。

（4）利率机制在金融市场中的应用。利息是指资本增值的基础单位，也就是资本的增值与资本的比率。从货币流动的借贷关系来看，利率是指某一特定时间内资本使用的一种资源，也就是资本市场中的一种特殊商品，它是以利率为基准进行买卖的；而融资的本质就是资本在市场机制的作用下，以利率为定价基础，资金的融通实质上是资金资源通过利率这个价格体系在市场机制的作用下进行再分配。因此，在资金的配置，以及个人与企业的财务决策中，利率发挥着举足轻重的作用。

但在具体的情况下,如何衡量未来的利率水平,这就要对利率的组成进行分析。利率由三个方面组成,即纯利率、通货膨胀溢价、风险溢价。风险溢价包括违约风险溢价、流动性风险溢价和期限风险溢价,用以下公式来表示利率:

$$K=K_0+IP+DP+LP+MP \quad (1-1)$$

式中,K 表示利率(名义利率),K_0 表示纯利率,IP 表示通货膨胀溢价,DP 表示违约风险溢价,LP 表示流动性风险溢价,MP 表示期限风险溢价。

①纯利率。纯利率是指无通货膨胀和无风险情况下的社会平均利润率。影响纯利率的主要因素有资金的供求关系、社会的平均利润率和国家的货币政策。通常情况下,在没有通货膨胀时,将短期国库券利率视作纯利率。

②通货膨胀溢价。通货膨胀溢价,也叫通货膨胀补偿,是指持续的通货膨胀会使货币的实际购买力不断下降,为弥补其购买力的丧失,则要提高溢价或补偿。因此,除了纯利率以外,无风险证券的利率除纯利率外,还包括通货膨胀因素,以弥补通货膨胀带来的经济损失。一般认为,政府发行的短期国库券利率由纯利率和通货膨胀溢价组成。其表达式为

$$RF=K_0+IP \quad (1-2)$$

式中,RF 为短期无风险证券利率;计入利率的通货膨胀溢价不是过去实际达到的通货膨胀水平,而是对未来通货膨胀的预期。

③违约风险溢价。违约风险是由于借款人不能及时偿付利息或偿付本金,而导致的风险。违约风险反映了借款人的信用,主要表现为偿还本金和利息的信用水平。如果借款人经常无法按时偿还债务,就表明其有较高的债务违约风险。要想补偿拖欠的风险,就必须增加利息,否则,贷款方将不能提供贷款,投资人也不会进行投资。国库券是国家发行的,它的利息通常比较低,不存在违约危险。而公司债券的违约风险,则取决于其信用水平,企业的信用水平可以划分为几个级别:企业的信用级别越高,其违约风险就越小,利息越低;而信贷质量低,则会导致高的拖欠和高的利息。通常情况下,国库券与具有相同到期日、变现能力和其他特征的公司债券的利率差异,作为违约风险溢价。

④流动性风险溢价。流动性就是一种资产能够快速转换成现金的过程。一种能够快速转换成现金的资产,具有较高的可变现性、良好的流动性和较低的风险性;反之,它的变现性差、流动性差,则会产生高风险。政府债券、知名上市公司的股票和债券由于其具有良好的信用和可变现能力,所以其流动性风险较低;而一些默默无闻的中小企业所发行的债券,其流动性风险更大。一般来讲,当其他要素都一样时,低流动性和高流

动性风险的债券利率差异为1%～2%，即为流动性风险溢价。

⑤期限风险溢价。一种债务的期限越久，其债权人将会面临更多的不确定性因素和更高的风险。利息的提高是为了补偿这些风险，我们称之为期限风险溢价。举例来说，国库券的五年利率高于三年，这与银行的存款利率高低的原理是一样的，所以长期利率通常要比短期利率高，即期限风险溢价。当然，如果利率发生了大幅变动，那么短期利率就会比长期利率高，但这并不会对以上结论产生一定的影响。

（二）金融市场的分类

可按以下几种标准对金融市场进行分类：

1.以期限为标准

根据时间的长短，可以将金融市场划分为货币市场与资本市场两大类。货币市场，也称短期市场，是指以一年以内的金融产品作为中介，进行短期融资的市场。资本市场，也就是所谓的长期市场，它是指一种以一年或更长时间的金融产品为中介的市场，包括股票市场、债券市场、融资租赁市场。

2.以功能为标准

按职能划分，可将金融市场划分为发行市场与流通市场。发行市场，也叫一级市场，它的作用是解决初始买方和卖方的交易，是一个证券和债券的市场。所谓的二级市场，就是指在股票上市后，由不同的投资者进行交易而形成的一个市场，也就是所谓的次级市场。

发行市场与流通市场交易，有着紧密的联系。发行市场是流通市场的基石，如果没有证券交易所，就没有证券流通市场；流通市场是我国证券市场生存与发展的一个重要因素。一家公司股票的发行价决定了一家公司在发行市场上新上市的股票的定价，因为在发行市场上，买方只会把他们认为可以在流通市场上得到的价格付给发行公司，所以与公司财务联系更为密切的是流通市场。除了特殊说明之外，本书中的股票价格是指流通中的市场价格。

3.以融资目标为标准

根据融资目标的不同，金融市场可以分为资本市场、外汇市场和黄金市场。资本市场主要是指同业拆借市场、国债市场、公司债券市场和股票市场等。外汇市场是指买卖各类外汇的金融产品；而在黄金交易市场，主要是进行黄金买卖和金币兑换。

4.以所交易金融工具的属性为标准

根据所交易的金融产品的性质，可以将其划分为基础金融市场与金融衍生品市场。基础金融市场是以基本的金融产品作为交易的对象，如商业票据、公司债券和公司股票等；金融衍生品市场是指在远期、期货、掉期（互换）、期权等金融衍生产品的交易市场，以及具有远期、期货、掉期（互换）、期权中等一种或多种特性的结构性金融产品的交易市场。

5.以地理范围为标准

按地理范围划分，可以将金融市场划分为地方性金融市场、全国性金融市场和国际性金融市场。

五、法律环境

（一）法律环境的范畴

法律环境是指企业在与外界进行经济联系时必须遵循的法律、法规和规章，主要包括《中华人民共和国公司法》《中华人民共和国证券法》《中华人民共和国证券交易法》《中华人民共和国经济合同法》《企业财务通则》等法律法规和内部控制的基本准则。市场经济是一种法治经济，也就是企业的经济行为必须遵守一定的法律法规。在对违法的经济行为进行限制的同时，也为各种正当的经济活动提供了保障。

（1）《中华人民共和国公司法》《中华人民共和国证券法》《中华人民共和国证券交易法》《中华人民共和国经济合同法》等对企业融资行为有一定的影响。

（2）《中华人民共和匡证券交易法》《中华人民共和国公司法》《企业财务通则》等对企业投资行为有一定的影响。

（3）各种税法、《中华人民共和国公司法》《企业财务通则》等法律对企业收入分配产生了一定的影响。

（二）企业组织形式

根据法律规定，企业成立的组织形式不同，所依据的法律法规也不相同。企业一般可分为独资企业、合伙企业和公司制企业三种类型。不同的企业组织结构，会产生不同的财务管理效果。

1. 独资企业

独资企业是指以一名自然人出资，其全部财产归投资人所有，其全部负债均由投资人个人负担。个人独资企业具有创办容易、经营管理灵活自由、不用缴纳企业所得税等优势。

独资企业的弊端：①对个人独资企业的所有者来说，必须对企业的负债负无限的责任，如果企业的亏损超出了所有者对企业的初始投入，则必须以所有者的其他财产来偿还；②很难从外界筹集到足够的资本进行运营；③独资公司股权转让的难度大；④企业的寿命是有限的，当所有者去世时，企业就会自然消失。

2. 合伙企业

合伙企业一般指两个或多个自然人（有时也包括法人）合伙投资并经营的企业。合伙关系是指合伙人依照自愿、平等、公平、诚实守信原则，订立合伙协议，共同出资、合伙经营营利性组织，并实行收益共享、风险共担。合伙关系的合伙人可划分为普通合伙人和有限合伙人。

（1）普通合伙人，泛指股权投资基金的管理机构或自然人，是对其负债负有无限连带责任的普通合伙人。根据《中华人民共和国合伙企业法》的相关规定，国有企业、上市公司、公益事业单位、社会团体不得作为合伙企业的合伙人。根据其专业技术和水平，向顾客提供有偿服务的专业服务机构，可以成立普通合伙企业。如果一名或多名合伙人由于故意或重大过失而导致合伙企业负债，应负无限连带责任，而其他合伙人以其在合伙企业中的财产份额为限承担相应责任。如果合伙人在经营过程中，由于不是有意或重大过失而导致的合伙债务，那么该合伙人将对合伙企业的债务承担不受限制的连带责任。如果合伙人在经营过程中，由于故意或重大过失导致合伙企业负债，以合伙财产对外承担责任时，其合伙人应根据合伙协议的规定，对合伙企业所遭受的损害承担赔偿责任。

（2）有限合伙人。普通合伙人承担合伙债务的无限连带责任，有限合伙人以其出资为限，共同承担合伙债务。在有限合伙企业的合伙人中，至少应有一名普通合伙人。有限合伙人不能从事合伙业务，也不能对外代表合伙企业。有限合伙人的以下行为，不视为执行合伙事务：

①参与决定普通合伙人的入伙和离伙；

②提供企业运营管理方面的意见；
③参与选定承揽有限合伙企业的审计机构；
④取得有限合伙企业的审计报告；
⑤就与自己有关的事项，查阅有限合伙企业的财务报表和其他相关的财务信息；
⑥如果合伙关系中的利益遭受损害，则对负有责任的合伙人主张权利或提出起诉；
⑦当执行事务合伙人急于行使其权利时，要求其行使权益或以其名义为企业的利益提出诉讼；
⑧按法律规定对企业进行担保。

如果有限合伙人变更为普通合伙人，其对担任有限合伙人期间所发生的债务，将由有限合伙人承担；如果普通合伙人变更为有限合伙人，其对担任普通合伙人期间所发生的债务应负无限制的连带责任。

合伙经营和独资经营有共性的缺点，有些公司虽然一开始是独资经营或合伙经营，但随着时间的推移，他们会转变公司的形式。

3.公司制企业

公司制企业是指两个以上的股东联合出资，各股东按各自的出资比例或所持股份，对公司承担有限责任。公司分为两种类型，即有限责任公司和股份有限公司。

（1）有限责任公司，即有限公司，是指股东以其所持股份为限，以其所有资产为限，对公司的债务负责任。《中华人民共和国公司法》规定，"有限责任公司"或"有限公司"字样应当在公司的名称上注明。

（2）股份有限公司，即股份公司，是将其所有资产分成等额的股份，由其持有的股份，对公司负有责任的公司法人。

①公司制企业的优势：所有权易于转移，股东利益分成多个部分，各部分可分别转让；公司债务是法人的负债，而非公司所有者的债务，股东对公司的义务仅限于其出资额的多少，如果公司的资产不足以偿付其负债，则不用承担连带清偿的责任；公司可以长期持续下去，而公司在所有者和经营者离开之后仍能继续生存；融资渠道多，融资更方便。

②公司制企业的弊端：成立公司的费用高，《中华人民共和国公司法》规定，成立公司的条件要比成立一家独资企业或合伙企业复杂得多，而且要递交一系列的法律文书，耗时更久；公司设立后，由于受到政府的管制，公司必须按时上报各类报表；代理方面的问题是，当所有者和经营者分离时，所有者变成了委托人，经营者变成了代理人，

代理人因为自己的利益而损害了委托人的权益;两种征税方式,即公司是一个独立的公司,它的盈利必须上交所得税,而当公司的利润被分配到股东的时候,也需要向公司缴纳个人所得税。

在上述三种类型中,个人独资企业占据了较大的比例,而大多数的公司资本都被公司制企业所控制,所以公司财务管理往往将其作为研究的焦点。

(三)法律环境对企业财务管理的影响

法律环境对企业财务管理活动的影响,主要体现在国家制定的各项法律法规上。法律环境对企业的影响是多方面的,其影响范围包括企业组织形式、公司治理结构、投融资活动、日常经营、收益分配等。例如,《中华人民共和国公司法》规定,企业可以采取独资、合伙、公司制等企业组织形式。企业组织形式不同,业主(股东)权利责任、企业投融资、收益分配、纳税、信息披露等不同,公司治理结构也不同。例如,税收法律法规对企业财务活动的影响主要表现为,影响企业的投融资决策、现金流、利润和利润的分配。因此,企业的财务决策应适应税收政策的导向。再如,财务法律规范是规范企业财务活动、协调企业财务关系的行为准则。目前,我国的企业财务法律规范主要由《企业财务通则》、行业财务制度及企业内部财务制度构成。《企业财务通则》是财务法规体系的基础,规范了在我国境内设立的各类企业进行财务活动必须遵循的基本原则;行业财务制度则是对各类行业在进行财务活动时所必须遵循的原则和一般要求所做的规定;企业内部财务制度是企业自身用来规范其内部财务活动行为、处理内部财务关系的具体规范。

第二章 筹资管理

第一节 筹资管理概述

资金是企业的血液,是企业设立、生存和发展的物质基础,是企业开展生产经营业务活动的基本前提。任何一个企业,为了形成生产经营能力、保证生产经营的正常运行,必须持有一定数量的资金。企业筹资是指企业作为筹资主体,根据其生产经营、对外投资和调整资本结构等需要,通过筹资渠道,运用筹资方式,经济有效地筹措资金的活动。

筹资活动是企业基本的财务活动,是企业创建和生存发展的一个必要条件。如果说企业的财务活动是以现金收支为主的资金流转活动,那么筹资活动则是资金运转的起点。筹资管理是企业财务管理的一项基本内容,筹资管理要求解决为什么要筹资、需要筹集多少资金、以什么方式筹资,以及如何根据财务风险和资本成本合理安排资本结构等问题。

一、筹资管理的意义

（一）筹资管理可以满足经营运转的资金需要

筹集资金是企业资金周转运动的起点,决定着企业资金运动的规模和生产经营发展的程度。企业刚成立时,要按照企业战略所确定的生产经营规模,核定长期资本需要量和流动资金需要量。在企业日常生产经营活动运行期间,需要维持一定数额的资金,以满足营业活动的正常需求。企业筹资管理能够为企业生产经营活动的正常开展提供财务保障。

（二）筹资管理可以满足投资发展的资金需要

企业在成长时期，往往因扩大生产经营规模或对外投资需要大量资金。企业生产经营规模的扩大有两种形式：一种是新建厂房、增加设备，这是外延式的扩大再生产；另一种是引进技术改进设备，提高固定资产的生产能力，培训工人提高劳动生产率，这是内涵式的扩大再生产。无论是外延式的扩大再生产，还是内涵式的扩大再生产，都会产生扩张性的筹资动机。同时，企业由于战略发展和资本经营的需要，还会积极开拓有发展前途的投资领域，以联营投资、股权投资和债权投资等形式对外投资。经营规模扩张和对外产权投资，往往会产生大额的资金需求。企业筹资管理能够为企业投资活动的正常开展提供财务保障。

（三）筹资管理可以合理安排筹资渠道和选择筹资方式

企业筹资，先要解决的问题是资金从哪里来、以什么方式取得，这就是筹资渠道的安排和筹资方式的选择问题。

筹资渠道是指企业筹集资金的来源方向与通道。一般来说，企业最基本的筹资渠道就是间接筹资和直接筹资。间接筹资是指企业通过银行等金融机构，以信贷关系间接从社会取得资金；直接筹资是指企业与投资者协议或通过发行股票、债券等方式，直接从社会取得资金。目前，我国企业筹资渠道主要有银行信贷资金、其他金融机构资金、其他企业资金、居民个人资金、国家资金和企业自留资金等。对于各种不同渠道的资金，企业可以通过不同的方式来取得。

筹资方式是指企业筹集资金所采取的具体方式，通过不同筹资方式所筹集到的资金的属性和期限是不同的。企业筹资的总体方式分为内部筹资和外部筹资，内部筹资主要依靠企业的利润留存积累；外部筹资一般来说有两种方式，并形成两种性质的资金来源，即股权资金和债务资金。股权资金是企业通过吸收直接投资、发行股票等方式，从投资者那里取得的；债务资金是企业通过向银行借款、发行债券、利用商业信用、融资租赁等方式，从债权人那里取得的。

企业的筹资渠道与筹资方式有着密切的联系。同一筹资渠道的资金往往可以采取不同的筹资方式取得，而同一筹资方式又往往可以适用于不同的筹资渠道。因此，企业在筹资时，应当实现两者的合理配合。

安排筹资渠道和选择筹资方式是一项重要的财务工作，直接关系到企业所能筹措资金的数量、成本和风险，因此需要充分认识各种筹资渠道和筹资方式的特征、性质，以及与企业筹资要求的适应性。通过筹资管理，可以在权衡不同性质资金的数量、成本和风险的基础上合理安排筹资渠道和筹资方式，以有效地筹集资金。

（四）筹资管理可以降低资本成本

按不同筹资方式取得的资金，其资本成本是不同的。一般来说，债务资金比股权资金的资本成本要低，而且其资本成本在签订债务合同时就已确定，与企业的经营业绩和盈亏状况无关。即使同是债务资金，由于借款、债券和租赁的性质不同，其资本成本也有差异。因此，企业在筹资管理中，要权衡财务风险的大小，谨慎选择资本成本较低的筹资方式，降低企业的资本成本。

（五）筹资管理可以合理控制财务风险

财务风险是企业无法如期足额地偿付到期债务的本金和利息的风险，主要表现为偿债风险。如果无力清偿债权人的要求，将会导致企业破产。尽管债务资金的资本成本较低，但由于债务资金有固定的还款期限，到期必须偿还，因此企业承担的财务风险比股权资金要大一些。企业在降低资本成本的同时，还要充分考虑不同资金的财务风险，防范企业破产的财务危机。筹资管理中的财务风险控制，从另一个角度来说，也受到了企业资产流动性的限制。如果企业经营风险较高，资产流动性不强，企业将不能使用太多的债务资金。

二、筹资的分类

可以按照不同的标准对企业筹资进行分类。

（一）股权筹资、债务筹资及衍生工具筹资

按企业所取得资金的权益特性不同，企业筹资分为股权筹资、债务筹资和衍生工具筹资。这种分类也是企业筹资方式的基本分类。

股权筹资形成股权资本，是企业依法长期拥有、能够自主调配运用的资本。在企业持续经营期间内，投资者不得抽回投资，因此股权资本也称为企业的自有资本、主权资本或股东权益资本。股权资本是企业从事生产经营活动和偿还债务的本钱，是代表企业

基本资信状况的一个主要指标。企业的股权资本通过吸收直接投资、发行股票、内部积累等方式取得。由于股权资本一般不用还本，形成了企业的永久性资本，因而财务风险小，但付出的资本成本相对较高。

股权筹资项目包括实收资本（股本）、资本公积金、盈余公积金和未分配利润等。其中，实收资本（股本）和实收资本溢价部分形成的资本公积金是投资者原始投入的；盈余公积金、未分配利润和部分资本公积金是原始投入资本在企业持续经营中形成的经营积累。通常，盈余公积金、未分配利润共称为留存收益。股权资本在经济意义上形成了企业的所有者权益。所有者权益是指投资者在企业资产中享有的经济利益，其金额等于企业资产总额减去负债总额后的余额。

债务筹资是企业按合同取得的在规定期限内需要清偿的债务。取得方式主要有银行借款、发行债券、融资租赁和商业信用等。由于债务筹资到期要归还本金和支付利息，对企业的经营状况不承担责任，因而具有较大的财务风险，但付出的筹资成本相对较低。从经济意义上来说，债务筹资也是债权人对企业的一种投资，也要依法享有企业使用债务筹资所取得的经济利益，因而也可以称为债权人权益。

衍生工具筹资是以股权或债权为基础产生的新的融资方式，如我国的上市公司目前最常见的是可转换债券筹资、认股权证筹资等。

（二）直接筹资与间接筹资

按是否以银行金融机构为媒介，企业筹资分为直接筹资和间接筹资两种类型。直接筹资是指企业直接与资金供应者协商筹集资金。直接筹资不需要通过金融机构等中介来筹措资金，是企业直接从社会取得资金的方式。直接筹资手续比较复杂，筹资费用较高，但筹资领域广阔，能够直接利用社会资金，有利于提高企业的知名度和资信度。

间接筹资是指企业通过银行和非银行金融机构来筹集资金。在间接筹资方式下，企业通过银行等金融机构，以信贷关系间接从社会取得资金，银行等金融机构发挥中介作用，预先集聚资金，然后提供给企业。间接筹资方式主要有银行借款和融资租赁等，形成的主要是债务资金，用于满足企业资金周转的需要。间接筹资手续比较简便，筹资效率高，筹资费用较低，但容易受金融政策的制约和影响。目前，我国大多数企业的筹资多采取间接筹资这种传统的筹资类型。

（三）内部筹资与外部筹资

按资金的来源范围不同，企业筹资分为内部筹资和外部筹资两种类型。内部筹资是指企业通过利润留存而形成的筹资来源，内部筹资数额大小主要取决于企业可分配利润的多少和利润分配政策（股利政策），一般不用花费筹资费用，可以降低资本成本。

外部筹资是指企业向外部筹措资金而形成的筹资来源。处于初创期的企业，内部筹资的可能性是有限的；处于成长期的企业，内部筹资往往难以满足需要。这就需要企业广泛地开展外部筹资，如发行股票、债券、取得商业信用，以及银行借款等。企业向外部筹资大多需要花费一定的筹资费用，具有大额性、集中性等特点。

因此，企业在筹资时，应先考虑内部筹资，再考虑外部筹资。

（四）长期筹资与短期筹资

按所筹集资金的使用期限不同，企业筹资分为长期筹资和短期筹资两种类型。

长期筹资是指企业使用期限在一年以上的资金筹集活动。长期筹资的目的主要在于形成和更新企业的生产和经营能力、扩大企业生产经营规模或为对外投资筹集资金。长期筹资通常采取吸收直接投资、发行股票、发行债券、长期借款、融资租赁等方式，所筹集的长期资金主要用于购建固定资产、形成无形资产、进行对外长期投资、垫支流动资金、进行产品和技术研发等。从资金权益性质来看，长期资金可以是股权资金，也可以是债务资金。

短期筹资是指企业筹集使用期限在一年以内的资金筹集活动。短期资金主要用于企业的流动资产和资金日常周转，一般在短期内需要偿还。短期筹资经常采用商业信用、短期借款、保理业务等方式。

三、筹资管理的原则

企业筹资管理的基本要求是在严格遵守国家法律法规的基础上，分析影响筹资的各种因素，权衡资金的性质、数量、成本和风险，合理选择筹资方式，提高筹资效果。

（一）筹措合法原则

无论是直接筹资，还是间接筹资，企业最终都通过筹资行为向社会获取资金。企业的筹资活动不仅为自身的生产经营提供资金来源，而且会影响投资者的经济利益，影响社会经济秩序。企业的筹资行为和筹资活动必须遵循国家的相关法律法规，依法履行法律法规和投资合同约定的责任，合法合规筹资，依法披露信息，维护各方的合法权益。

（二）来源经济原则

企业所筹集的资金都要付出资本成本的代价，进而给企业的资金使用提出了最低报酬要求。通过不同筹资渠道和筹资方式所取得的资金，其资本成本各有差异。企业应当在考虑筹资难易程度的基础上，针对不同来源资金的成本，认真选择筹资渠道，并选择经济、可行的筹资方式，力求降低筹资成本。

（三）规模适当原则

企业筹集资金，要先合理预测确定资金的需要量。筹资规模与资金需要量应当匹配一致，既可避免因筹资不足而影响生产经营的正常进行，又可防止筹资过多而造成资金闲置。

（四）结构合理原则

资本成本的降低，往往伴随着较大的财务风险。企业筹资要综合考虑股权资金与债务资金的关系、长期资金与短期资金的关系、内部筹资与外部筹资的关系，合理安排资本结构，保持适当的偿债能力，防范企业财务危机的出现。

（五）筹措及时原则

企业在筹集资金时，应根据资金需要量的具体情况，合理安排资金的筹集时间，适时获得适量资金。

第二节 权益资金的筹集

权益资金的筹集方式主要有吸收直接投资、发行普通股、发行优先股和利用留存收益，这些是企业筹集自有资金的重要方式。

一、吸收直接投资

吸收直接投资，简称吸收投资，是指企业按照"共同投资、共同经营、共担风险、共享利润"的原则，直接吸收国家、法人、个人投入资金的一种筹资方式。

（一）吸收投资的种类

企业采取吸收投资方式筹集的资金，一般可分为吸收国家投资、吸收法人投资和吸收个人投资三类。

1.吸收国家投资

国家投资是指有权代表国家投资的政府部门或者机构以国有资产投入企业，这种情况下形成的资本称为国家资本。

吸收国家投资一般具有以下三个特点：

（1）产权归属国家；

（2）资金的运用和处置受到国家的约束较大；

（3）在国有企业中采用得比较广泛。

2.吸收法人投资

法人投资是指法人单位以依法可以支配的资产投入企业，这种情形下形成的资本称为法人资本。

吸收法人投资一般具有以下三个特点：

（1）发生在法人单位之间；

（2）以参与企业利润分配为目的；

（3）出资方式灵活多样。

3.吸收个人投资

个人投资是指社会个人或本企业内部职工以个人合法财产投入企业，这种情况下形成的资本称为个人资本。

吸收个人投资一般具有以下三个特点：

（1）参加投资的人员较多；

（2）每人投资的数额相对较少；

（3）以参与企业利润分配为目的。

（二）吸收投资中的出资方式

企业在采取吸收投资这一方式筹集资金时，投资都可以用现金、实物、无形资产等作价出资。

1.现金投资

现金投资是吸收投资中的一种最重要的投资方式。有了现金，便可获取其他物质资源，因此企业应尽量动员投资者采取现金方式出资。

2.实物投资

实物投资是指以厂房、建筑物、设备等固定资产和原材料、商品等流动资产所进行的投资。

3.无形资产投资

无形资产投资是指以专有技术、商标权、专利权、土地使用权等无形资产所进行的投资。

（三）吸收投资的程序

企业吸收其他单位的投资，一般要遵循以下程序：

（1）确定筹资数量；

（2）寻找投资单位；

（3）协商投资事项；

（4）签署投资协议；

（5）共享投资利润。

（四）吸收投资的优缺点

吸收投资的优点在于有利于提升企业信誉，有利于尽快形成生产能力，有利于降低财务风险；其缺点是资金成本较高，企业控制权容易分散。

二、普通股筹资

股票是股份公司发给股东用来证明其在公司投资入股并借以取得股息的一种有价证券。它是股份公司为筹措权益资本而发行的一种权益凭证。

（一）股票的特征和种类

1.股票的特征

作为股份表现形式的股票具有以下四个特征：

（1）无期性，指股票投资者投资的长期性；

（2）风险性，指股票投资存在一定的风险；

（3）流通性，也称为变现性，指股票作为一种有价证券，在资本市场上可以自由转让、买卖和流通，也可以作为负债筹资的抵押品；

（4）参与性，指股票的持有者具有参与股份公司股利分配和承担有限责任的权利与义务。

2.股票的种类

根据不同的标准，可以对股票进行不同的分类，下面介绍四种主要的分类方式：

（1）按股东的权利和义务分类。以股东享受权利和承担义务的大小为标准，可把股票分成普通股票和优先股票。

（2）按股票票面是否记名分类。以股票票面上有无记名为标准，可把股票分成记名股票与无记名股票。

（3）按股票有无面值分类。以股票票面有无面值为标准，可把股票分为面值股票和无面值股票。

（4）按发行对象和上市地区分类。以发行对象为标准，可将股票分为 A 股、B 股；按股票上市地区，可将股票分为 H 股、N 股和 S 股。

（二）普通股股东的权利

普通股股东的权利，可分为整体行使的权利和个人行使的权利。

1.整体行使的权利

公司章程赋予普通股股东整体行使的权利，有以下七个方面：

（1）修改公司的章程和细则；

（2）选举公司的董事；

（3）制定和修改公司的规章制度，任免公司重要人员；

（4）授权出售固定资产；

（5）批准吸收合并或兼并其他公司，或决定并入其他公司；

（6）批准公司资本结构的变更；

（7）决定发行优先股和债券。

普通股股东整体行使的权利，是个人股东通过行使投票权来实现的。一般说来，个人股东通过投票表决来选举公司的董事成员，然后通过董事作为股东的代表来影响和控制公司的运作。

2.股东个人行使的权利

公司章程赋予普通股股东在行使集体权利的同时，也赋予普通股股东一些个人行使的权利。这些权利主要包括以下七个方面：

（1）投票权，指享有依公司章程规定的投票权或表决权；

（2）查账权，指检查公司的账册；

（3）分享盈余权，指盈余的分配方案由股东大会决定，在每一个会计年度，由董事会根据企业的盈利数额和财务状况，来决定分发股利的多少，并经股东大会批准通过；

（4）出售或转让股份权；

（5）享受优先认股权；

（6）剩余财产要求权；

（7）有阻止管理人员越权行为的权力。

享受权利，就必须承担义务。普通股股东购买股票后不得退股，以其所持股份，对公司的债务承担有限责任，甚至承担可能的损失及法律责任等。同时，作为股东，必须遵守公司章程，承担章程规定的义务。

（三）股票的发行

股票的发行，是利用股票筹集资金的一种重要方式。

1. 股票发行的目的

股份公司发行股票，总的来说是为了筹集资金，但具体来说有不同的原因，主要有以下四个方面：

（1）筹措资金。股份公司在成立之时，通常以发行新股的方式来筹集公司的权益资本；

（2）扩大经营规模。已设立的股份公司为不断扩大生产经营规模，以增发新股来筹集所需资金；

（3）扩大公司影响。有些经营状况良好的公司发行股票并非因资金短缺，而是为了提高公司的知名度；

（4）分散经营风险。股份公司通过发行新股吸引更多的股东，从而把经营风险分散给其他股东。将公积金转化为资本金，公司的公积金积累到一定数额，可将其一部分通过发行股票转化为股本。

2. 股票发行的条件

按照国际惯例，股份公司发行股票必须具备一定的发行条件，取得发行资格，并在办理必要的手续后才能发行。新设立的股份有限公司公开发行股票，必须符合以下七个条件：

（1）生产经营符合国家产业政策；

（2）发行普通股限于一种，同股同权；

（3）发起人认购的股本数额不少于公司拟发行的股本总数的35%；

（4）在公司拟发行的股本总额中，发起人认购的部分不少于3 000万元人民币，但国家另有规定的除外；

（5）向社会公众发行的部分不少于公司拟发行的股本总数的25%，其中，公司职工认购的股本数不得超过拟向社会公众发行股本总额的10%，公司拟发行股本总额超过4亿元人民币的，证监会按照规定可以酌情降低向社会公众发行的部分比例，但最低不少于公司拟发行股本总额的 10%；

（6）发起人在近三年内没有重大违法行为；

（7）证监会规定的其他条件。

3.股票发行的基本程序

股份公司发行股票，一般要遵循以下基本程序：

（1）作出新股发行决议；

（2）做好发行准备工作；

（3）提出发行股票的申请；

（4）有关机构的审核；

（5）签署承销协议；

（6）公布招股说明书；

（7）按规定程序招股；

（8）认股人交纳股款；

（9）向认股人交割股票；

（10）改选董事、监事。

（四）股票价值

股票作为一种所有权证明和能在资本市场上流通的有价证券，其本身没有价值，然而股票在资本市场上却具有价格。通常所说的股票价值是指股票对公司资产价值的表现形式。

1.票面价值

票面价值是指公司发行的股票票面上所载明的货币金额，这是股票的名义价值。其作用在于确定每一股份占公司全部资本的比例和表明股东对每一股份所负有限责任的最高限额。

2.账面价值

账面价值是指每股普通股份拥有本公司的账面资产净值。

3.清算价值

清算价值是指在公司清算时，每股所代表的被清理资产的实际价值。

4.投资价值

投资价值是指投资者进行股票投资时,根据历史的资料和预期的估计,对某种股票分析得到的一种估计价值。

(五)普通股筹资评价

普通股筹资是股份公司的一种主要的权益资本筹资方式,是进行其他筹资的基础。因此,从发行公司的立场来考察评价普通股,其优点和缺点分别有以下几个方面:

1.普通股筹资的优点

(1)没有固定的支付利息负担;
(2)没有固定的到期日,不用偿还本金;
(3)筹资限制较少,筹资风险小;
(4)能分散经营风险;
(5)增加公司的举债能力,提高公司信誉;
(6)改善公司组织结构和财务结构;
(7)激励职工的士气,增强职工的归属感。

2.普通股筹资的缺点

(1)公司增加了对社会公众股东的责任;
(2)公司得承担相当高的资金成本;
(3)容易分散控制权,被收购风险增大。

此外,新股东分享公司未发行新股前积累的盈余,会降低普通股的每股净收益,从而可能引起股价的下跌。

三、优先股筹资

(一)优先股的性质和发行动机

优先股是一种特殊股票,具有权益资金和负债资金的双重性质。优先股无固定的到期日,不用偿还本金,股利从税后利润中支付,这些都与普通股相同,属于权益资金;优先股有固定的股息负担,在普通股之前取得收益和分享剩余财产,这些又都与债券相同，兼有负债属性。

发行优先股除了筹资动机外，还具有防止公司股权分散化、调剂资金余缺、改善资金结构、维持举债能力等动机。

（二）优先股的种类

优先股按能否累积股利，分为累积优先股和非累积优先股；按能否转为普通股，分为可转换优先股和不可转换优先股；按能否参与红利分配，分为参与优先股和非参与优先股；按是否可赎回，分为可赎回优先股和不可赎回优先股。

（三）优先股股东的权利

相对于普通股股东而言，优先股股东具有优先分配股利权、优先分配剩余资产权和部分管理权。

（四）优先股筹资的优点和缺点

公司利用优先股筹资的主要优点是：没有固定到期日、无须还本；股利支付既固定，又有一定弹性；有利于增加公司的信誉。其缺点是：筹资成本高、限制条款多、财务负担重等。

第三节 负债资金的筹集

负债是企业所承担的能以货币计量、需以资产或劳务偿付的债务。企业通过银行借款、发行债券、融资租赁、商业信用等方式筹集的资金，属于企业的负债。由于负债要归还本金和利息，因此称为企业的借入资金或债务资金。

一、银行借款

银行借款是指企业根据借款合同,向银行或非银行金融机构借入的需要还本付息的款项。

(一)银行借款的种类

1.按借款期限的长短进行分类

按借款期限的长短进行分类,银行借款可分为短期借款和长期借款。短期借款是指借款期限在一年以内的借款;长期借款是指借款期限在一年以上的借款。

2.按借款担保的条件进行分类

按借款担保的条件进行分类,银行借款可分为信用借款、担保借款和票据贴现。

3.按借款的用途进行分类

按借款的用途进行分类,银行借款可分为基本建设借款、专项借款和流动资金借款。

4.按提供贷款的机构进行分类

按提供贷款的机构进行分类,银行借款可分为政策性银行贷款和商业性银行贷款。

(二)银行借款的程序

1.企业提出借款申请

企业要向银行借入资金,必须向银行提出申请,填写包括借款金额、借款用途、偿还能力、还款方式等内容的借款申请书,并提供相关的资料。

2.银行进行审查

银行对企业的借款申请,要从企业的信用等级、基本财务情况、投资项目的经济效益、偿债能力等方面做必要的审查,以决定是否提供贷款。

3.签订借款合同

借款合同是规定借款单位和银行双方的权利、义务和经济责任的法律文件。借款合同包括基本条款、保证条款、违约条款及其他附属条款等内容。如果银行经审核通过了企业的借款申请,则可以与企业签订借款合同。

4.企业取得借款

双方签订借款合同后，银行应如期向企业发放贷款。

5.企业归还借款

企业应按借款合同规定按时、足额归还借款本息。如因故不能按期归还，应在借款到期之前的3～5天内，提出展期申请，由贷款银行审定是否给予展期。

（三）银行借款的信用条件

向银行借款，往往附带一些信用条件，其主要条件有以下方面：

1.补偿性余额

补偿性余额是银行要求借款企业在银行中保留一定数额的存款余额，即借款的10%～20%，其目的是降低银行贷款风险，但对借款企业来说，这加重了利息负担。

2.信贷额度

信贷额度是借款企业与银行在协议中规定的借款最高限额。在信贷额度内，企业可以随时按需要支用借款，但如果协议是非正式的，则银行没有必须按最高借款限额保证贷款的法律义务。

3.周转信贷协定

周转信贷协定是银行从法律上承诺向企业提供不超过某一最高限额的贷款协定。企业享有周转协定，通常要对贷款限额中的未使用部分付给银行一笔承诺费。

（四）借款利息的支付方式

1.利随本清法

利随本清法又称一次支付法，是在借款到期时一次支付利息的方法。

2.贴现法

贴现法是银行向企业发放贷款时，先从本金中扣除利息部分，而到期时借款企业向银行偿还全部本金的一种计息方法。

3.附加法

附加法是将利息附加到各期还款的本金中的方法。

（五）银行借款的优点和缺点

1.银行借款的优点

（1）筹资速度快。与发行证券相比，不需印刷证券、报请批准等，一般所需时间短，可以较快满足企业的资金需要；

（2）筹资成本低。与发行债券相比，借款利率较低，且不需支付发行费用；

（3）借款灵活性大。企业与银行可以直接接触，商谈借款金额、期限和利率等具体条款。借款后，如果情况发生变化，可再次协商。到期还款有困难，如果能取得银行的谅解，企业也可延期还款。

2.银行借款的缺点

（1）筹资数额往往不可能很大；

（2）银行会提出对企业不利的限制条款。

二、发行债券

债券是企业依照法定程序发行的、承诺按一定利率定期支付利息，并到期偿还本金的有价证券，是持券人拥有公司债权的凭证。

（一）债券的种类

1.按发行主体进行分类

按发行主体进行分类，债券可分为政府债券、金融债券和企业债券。

政府债券是由中央政府或地方政府发行的债券。政府债券风险小、流动性强。

金融债券是银行或其他金融机构发行的债券。金融债券风险不大、流动性较强、利率较高。

企业债券是由各类企业发行的债券。企业债券风险较大、利率最高、其流动性差别较大。

2.按有无抵押担保进行分类

按有无抵押担保进行分类，债券可分为信用债券、抵押债券和担保债券。

信用债券，又称无抵押担保债券，是以债券发行者自身的信誉发行的债券。政府债券属于信用债券，信誉良好的企业也可以发行信用债券。企业发行信用债券往往有一些限制条件，例如，不准企业将其财产抵押给其他债权人、不能随意增发企业债券、在未清偿债券之前股利不能分得过多等。

抵押债券是指以一定抵押品作抵押而发行的债券。当企业不能偿还债券时，债权人可将抵押品拍卖，以获取债券本息。

担保债券是指由一定保证人作担保而发行的债券。当企业没有足够资金偿还债券时，债权人可以要求保证人偿还。

3.按偿还期限进行分类

按偿还期限进行分类，债券可分为短期债券和长期债券。

短期债券是指偿还期在一年以内的债券。

长期债券是指偿还期在一年以上的债券。

4.按是否记名进行分类

按是否记名进行分类，债券可分为记名债券和无记名债券。

5.按计息标准进行分类

按计息标准进行分类，债券可分为固定利率债券和浮动利率债券。

6.按是否标明利息率进行分类

按是否标明利率进行分类，债券可分为有息债券和贴现债券。

7.按是否可转换成普通股进行分类

按是否可转换成普通股进行分类，债券可分为可转换债券和不可转换债券。

（二）债券的发行

国有企业、股份公司、责任有限公司只要具备发行债券的条件，都可以依法申请发行债券。

1.发行方式

债券的发行方式有委托发行和自行发行。委托发行是指企业委托银行或其他金融机构承销全部债券，并按总面额的一定比例支付手续费。自行发行是指债券发行企业不经过金融机构，直接把债券配售给投资单位或个人。

2.发行债券的要素

（1）债券的面值。债券面值包括两个基本内容，即币种和票面金额。币种可以是本国货币，也可以是外国货币，这取决于债券发行的地区及对象。票面金额是债券到期时偿还债务的金额。票面金额印在债券上，固定不变，到期必须足额偿还；

（2）债券的期限。债券从发行之日起至到期日之间的时间，称为债券的期限；

（3）债券的利率。债券上一般都注明年利率，利率有固定的，也有浮动的，面值与利率相乘即为年利息；

（4）偿还方式。债券的偿还方式有满期偿还、期中偿还和展期偿还；

（5）发行价格。债券的发行价格有三种：一是按债券面值等价发行，等价发行又叫面值发行；二是按低于债券面值折价发行；三是按高于债券面值溢价发行。

债券之所以会偏离面值发行，是因为债券票面利率与金融市场平均利率不一致。如果债券利率大于市场利率，则由于未来利息多计，导致债券内在价值大，而应采取溢价发行。如果债券利率小于市场利率，则由于未来利息少计，导致债券内在价值小，而应采取折价发行。

（三）债券筹资的优点和缺点

1.债券筹资的优点

（1）债券利息作为财务费用在税前列支，而股票的股利需由税后利润发放，利用债券筹资的资金成本较低；

（2）债券的持有人无权干涉企业的经营管理，因而不会减弱原有股东对企业的控制权；

（3）债券利率在发行时就已经确定，如遇通货膨胀，则实际减轻了企业的负担；如企业盈利情况良好，则由于财务杠杆作用，导致原有投资者获取更大的收益。

2.债券筹资的缺点

（1）筹资风险高。债券筹资有固定到期日，企业要承担还本付息义务。当企业经营不善时，会减少原有投资者的股利收入，甚至会因不能偿还债务而导致企业破产；

（2）限制条件多。债券持有人为保障其债权的安全，往往要在债券合同中签订保护性条款，这对企业造成较多的约束，影响企业财务的灵活性；

（3）筹资数量有限。债券筹资的数量一般比银行借款多，但它筹集的毕竟是债务资金，不可能太多，否则会影响企业的信誉，也会因企业资金结构变差，而导致企业总体资金成本的提高。

三、融资租赁

租赁是承租人向出租人交付租金，出租人在契约或合同规定的期限内，将资产的使用权让渡给承租人的一种经济行为。

（一）租赁的种类

租赁的种类很多，按租赁的性质划分，可分为经营性租赁和融资性租赁两大类。

1. 经营性租赁

经营性租赁，又称服务性租赁，是由承租人向出租人交付租金，由出租人向承租人提供资产使用及相关的服务，并在租赁期满时由承租人把资产归还给出租人的租赁。经营性租赁通常为短期租赁，其特点如下：

（1）资产所有权属于出租人，承租人仅为获取资产的使用权，不是为了融资；

（2）经营租赁是一个可以解约的租赁，承租企业在租期内可以按规定提出解除租赁合同；

（3）租赁期短，一般只是租赁物使用寿命期的小部分；

（4）出租企业向承租企业提供资产维修、保养及人员培训等服务；

（5）租赁期满或合同中止时，租赁资产一般归还给出租企业。

2. 融资性租赁

融资性租赁，又称财务租赁、资本租赁，是承租人为融通资金，而向出租人租用由出租人出资按承租人要求购买的租赁物的租赁。它是以融物为形式、以融资为实质的经济行为，是出租人为承租人提供信贷的信用业务。融资性租赁通常为长期租赁，其特点如下：

（1）资产所有权在形式上属于出租方，但承租方能实质性地控制该项资产，并有权在承租期内取得该项资产的所有权。承租方应把融资租入资产作自有资产对待，例如，要在资产账户上作记录、要计提折旧；

（2）融资租赁是一种不可解约的租赁，租赁合同比较稳定，在租赁期内，承租人必须连续缴纳租金，非经双方同意，中途不得退租。这样，既能保证承租人长期使用该项资产，又能保证出租人收回投资并有所得益；

（3）租赁期长，租赁期一般是租赁资产使用寿命期的绝大部分；

（4）出租方一般不提供维修、保养方面的服务；

（5）租赁期满，承租人可选择留购、续租或退还，通常由承租人留购。

（二）融资租赁的形式

1.直接租赁

直接租赁是承租人直接向出租人承租所需要的资产。直接租赁的出租人主要是制造厂商、租赁公司。直接租赁是融资租赁中最为普遍的一种，是融资租赁的典型形式。

2.售后回租

售后回租是指承租人先把其拥有主权的资产出售给出租人，然后再将该项资产租回的租赁。这种租赁方式既能使承租人通过出售资产获得一笔资金，以改善其财务状况，满足企业对资金的需要，又能使承租人通过回租而保留企业对该项资产的使用权。

3.杠杆租赁

杠杆租赁是由资金出借人为出租人提供部分购买资产的资金，再由出租人购入资产租给承租人的方式。因此，杠杆租赁涉及出租人、承租人和资金出借人三方。

从承租人的角度来看，它与其他融资租赁形式并无多大区别。

从出租人的角度来看，它只支付购买资产的部分资金（20%～40%），其余部分（60%～80%）是向资金出借人借来的。在杠杆租赁方式下，出租人具有三重身份，即资产所有权人、出租人、债务人。出租人既向承租人收取租金，又向借款人偿还本息，其间的差额就是出租人的杠杆收益。

从资金出借人的角度来看，它向出租人借出资金，是由出租人以租赁物为抵押的，它的债权对出租人没有追索权，但对租赁物有第一留置权。即当承租人不履行支付租金义务时，资金出借人不能向出租人追索债务，但可向法院申请执行其担保物权。该项租赁物被清偿的所得，首先用以清偿资金出借人的债务，如有剩余再给出租人。

（三）融资租赁的程序

1. 进行租赁选择

当企业需要长期使用某项设备而又没有购买该项设备所需的资金时，一般有两种选择：一是筹措资金购买该项设备，二是融资租入该项设备。具体采取哪种方式，可以通过现金流量的分析计算，进行租赁选择。

2. 选择租赁公司

当企业决定采取融资租赁方式取得某项设备时，即应开始选择租赁公司，对融资条件、租赁费率等方面进行资料对比，择优选定。

3. 办理租赁委托

当企业选定租赁公司后，便可向其提出申请，办理委托，这种委托包括填写租赁申请书及提供企业财务状况文件资料。

4. 签订购货协议

租赁公司受理租赁委托后，即由租赁公司与承租企业的一方或双方选择设备的制造商或销售商，与其进行技术与商务谈判，签订购货协议。

5. 签订租赁合同

租赁合同由承租企业与租赁公司签订。租赁合同用以明确双方的权利与义务，它是租赁业务的最重要文件，具有法律效力。融资租赁合同的内容包括一般条款和特殊条款两部分。

6. 办理验货及投保

承租企业收到租赁设备后要进行验收，验收合格后签发租赁设备收据及验收合格证，并提交给租赁公司，租赁公司据以向制造商或销售商付款。同时，承租企业向保险公司办理投保事宜。

7. 交付租金

承租企业在租赁期内，按合同规定的租金数额、交付日期、交付方式，向租赁公司交付租金。

8. 租赁期满的设备处理

融资租赁合同期满，承租企业可按合同规定对租赁设备留购、续租或退租。一般来说，租赁公司会把租赁设备在期满时以低价或者无偿的方式转给承租企业。

（四）融资租赁的优点和缺点

1. 融资租赁的优点

（1）融资租赁的实质是融资，当企业资金不足、举债购买设备困难时，更能显示出其"借鸡生蛋，以蛋还鸡"的优势；

（2）融资租赁的资金使用期限与设备寿命周期接近，比一般借款期限要长，使得承租企业的偿债压力较小；在租赁期内，租赁公司一般不得收回出租的设备，使得企业租赁的设备使用起来有保障；

（3）融资与融物的结合，减少了承租企业直接购买设备的中间环节和费用，有助于企业迅速形成生产能力。

2. 融资租赁的缺点

（1）资金成本高。融资租赁的租金比举债利息高，因此总的财务负担较重；

（2）不一定能享有设备残值。

四、商业信用

商业信用是指在商品交易中因延期付款、预收货款或延期交货而形成的借贷关系，是企业之间的直接信用行为。商业信用是商品交易中钱与货在时间上和空间上的分离，它的表现形式主要是先取货、后付款和先付款、后取货两种，是自然性融资。商业信用产生于银行信用之前，在银行信用出现以后，商业信用依然存在。企业之间商业信用的形式很多，主要有应付账款、应付票据、预收货款和应付费用。

（一）应付账款

应付账款是一种典型的商业信用形式，是卖方向买方提供信用，允许买方收到商品后不立即付款，可延期一定的时间后再支付。这样做，既解决了买方暂时性的资金短缺困难，又便于卖方推销其商品。

（二）应付票据

应付票据是企业在对外经济往来中，对应付债务所开出的票据。应付票据主要是商业汇票，商业汇票根据承兑人的不同，可分为商业承兑汇票和银行承兑汇票。商业承兑汇票是由收款人开出、经付款人承兑，或由付款人开出并承兑的汇票。银行承兑汇票是由收款人或承兑申请人开出，由银行审查同意承兑的汇票。

商业承兑汇票由付款人承兑，若到期时付款人银行存款账户余额不足以支付票款，银行不承担付款责任，只负责将汇票退还收款人，由收款人与付款人自行协商处理。

银行承兑汇票由承兑银行承兑，若到期时承兑申请人存款账户余额不足以支付票款，承兑银行应向收款人或贴现银行无条件支付票款，同时对承兑申请人执行扣款，并对未扣回的承兑金额按每天 5‰ 计收罚息。

商业汇票是一种期票，最长期限为 6 个月，对于买方（即付款人）来说，它是一种短期融资方式。对于卖方（即收款人）来说，也可能产生一种融资行为，就是票据贴现。

票据贴现是持票人把未到期的商业票据转让给银行，贴付一定的利息，以取得银行资金的一种借贷行为。它是一种以票据为担保的贷款，是一种银行信用。票据贴现涉及贴现利息和银行实付贴现金额，其计算公式为：

$$贴现利息=票据到期金额×贴现率×贴现期 \qquad (2\text{-}1)$$
$$银行实付贴现金额=票据到期金额-贴现利息 \qquad (2\text{-}2)$$

其中，贴现期是指自贴现日至票据到期前一日的实际天数。

如果办理贴现的是商业承兑汇票，而该票据到期时债务人未能付款，那么贴现银行因收不到款项而向贴现企业行使追索权。贴现企业办理贴现后，对于存在这种情况或者有负债，应当在资产负债表附注中予以披露。

（三）预收货款

预收货款是卖方按照合同或协议的规定，在发出商品之前，向买方预收的部分或全部货款的信用行为。它等于卖方向买方先借一笔款项，然后用商品偿还。这种情况中的商品往往是紧俏的，买方愿意预付货款而取得期货，卖方由此筹集到资金。但应防止卖方企业乘机乱收预收货款，不合理地占用其他企业资金。商业信用融资有简单方便、无实际成本、约束和限制少等优点，但它的融资期限短。

（四）应付费用

应付费用，也称应计费用，指本期已发生（耗用）但尚未支付款项的各种费用，如应付租金、应付利息及应付工资等。应付费用的调整，一方面应确认费用，另一方面要增加负债。费用确认后，于结账时转入"本年利润"账户，负债则于下期支付时再予以冲销。

第三章 投资管理

第一节 投资概述

投资管理是研究与管理投资者财富的一门学问。投资是现代社会中十分重要的经济活动,已构成现代社会经济成长的基本动力。什么是投资?为什么投资?怎么投资?是每个投资者都会面临的问题,也是需要先解决的问题。

一、投资的含义

在现代社会中,人们每天都会面临许多投资机会,从事各式各样的投资活动,例如购买土地、机器设备和股票等,但要想给投资下一个准确的、能为所有人所接受的定义却十分困难。对投资一词的界定,有代表性的表述有以下几方面:

(一)从投资与消费之间的关系来定义投资

诺贝尔经济学奖获得者威廉·夏普对投资的定义是:为了将来可能的、不确定的消费,而牺牲的、现在的消费的价值。

(二)从资本的形成过程来定义投资

《简明不列颠百科全书》对投资的定义是:投资是指在一定时期内期望在未来能产生收益,而将收入变换为资产的过程。

（三）将投资分为广义投资和狭义投资

美国投资学家德威尔在《投资学》中对投资的定义是：广义的投资是指以获利为目的的资本使用，包括购买股票和债券，也包括运用资金以建筑厂房、购置设备和原材料等从事扩大生产流通事业；狭义的投资指投资人购买各种证券，包括政府公债、公司股票、公司债券和金融债券等。

（四）从宏观经济分析的角度来定义投资

诺贝尔经济学奖获得者、美国经济学家保罗·萨缪尔森在其《经济学》中指出：对经济学者来说，投资总是意味着实际资本形成即存货的增加量，或新生产的工厂、房屋及工具。对大多数人来说，投资往往意味着只要用货币去购买几张通用汽车的股票，购买街角的地皮，或开立一个储蓄存款的户头。不要把投资一词的这两种不同用法混淆……只有当某种物质资本形成时，才会出现投资。

从以上关于投资的定义可以看出，由于每个人所站的角度不同、投资者不同、投资方式有差别，所以"投资"一词会有不同的含义。就一般性而言，无论人们对投资如何定义，都应从如下方面来理解投资的内涵：投资是由特定主体进行的有意识的活动；这项活动需要投资者先垫付资本或预付货币；通过垫付资本或预付货币获得某种特定资产；投资的目的是获得一定的未来收益，这种收益可能是确定的，也可能是不确定的，因而具有一定的风险。

从严格意义上讲，一切经济活动都可以称为投资，如银行的储蓄、收藏艺术品、接受教育、购买机器设备，甚至生活消费也可以被看作是投资，因为消费是为了维持人的生存以取得今后收益的行为。本书并不研究这种广义的投资，本书所说的投资是一个含义很窄的概念，仅指微观意义上的金融性投资，这里的投资可以定义为是一种依托于资本市场的投资活动，是指在金融市场中进行各种金融工具交易的活动。这个定义使其与实业性投资相区别，如购买机器设备、新建工厂等，甚至不包括许多以获得利润为目的的金融活动，如银行储蓄、购买金币以获利等，但又不能将其仅仅理解为买卖股票，投资的对象包括所有在金融市场上有活跃交易的金融工具。

二、投资的原则

随着市场经济体制的形成与发展，社会公众逐渐成为投资的主体，这就需要有相应的投资理论来指导社会公众进行投资，使社会公众掌握投资的方法、了解投资的途径，但要想成为一个成功的投资者，还必须把握投资的原则。这里所说的投资原则，既区别于站在宏观角度的政府作为投资主体的投资原则，也区别于站在微观角度的企业作为投资主体进行实业性投资的投资原则，而是根据金融市场的特点所确立的投资原则。

（一）投资自主原则

投资过程是一个分析、决策的过程，由于投资者主要是社会公众，所以投资分析和决策也将是微观化的。在金融市场上，每个投资者的专业知识、智慧、经验和思维方式都不相同，他们都会站在各自的角度作出分析、判断和决策。因此，投资者在进行投资时，要根据自己的专业知识、智慧和经验，按自己的思维方式，细致地分析和独立地判断投资对象的变化趋势，坚持投资自主的原则。当然，在金融市场上，每天每时都会有各种各样的信息影响投资者的分析和判断，特别是一些专业分析师会通过各种途径向投资者提供分析结论，但这些只能供投资者参考，而不是投资者的最终决策。之所以要坚持投资自主的原则，正是基于这样一个事实，即"只有你才会对自己的钱袋子真正负责"。

（二）收益风险最佳组合原则

追求高收益是投资者进行投资的直接目标，尽管金融市场上金融工具的形式千差万别，但都有一个共同点，即都能给投资者带来收益，同时又都有一定的风险。收益和风险是相伴而生的一对矛盾体，投资者在投资时，必须谨慎地处理好这一对矛盾体。一般说来，收益越高，风险越大。收益风险最佳组合原则是指在追求收益最大化时，要尽可能地降低其风险。在金融市场上，投资者一定要树立风险意识，培养驾驭、承担风险的能力。在投资时，要权衡收益与风险，一味地追求高收益而忽视风险是投资的大忌。

（三）动态原则

动态原则有两个含义，其一是指一种金融工具的未来价格是不确定的，会随着时间的推移而发生变化，因而对一种金融工具可以连续投资。这一含义表明，金融工具的未来价格变化是动态的，任何时候都存在投资机会，任何时候都可以进行投资，因此一项投资是否成功，关键在于对投资机会的把握。其二是指由于金融市场是动态的，所以投资本身也是动态的。金融市场是投资的外部环境，各种因素包括政治、经济和法律等方面的变化，都会引起金融市场的变化，进而影响各种金融工具的投资价值变化。金融性投资与实业性投资的区别之一就是针对同一投资对象，实业性投资往往是一次性的，而金融性投资则是可以反复多次的、连续的。正是由于投资具有这一动态特征，投资者就可以利用这一动态来构建投资组合，并且随时进行调整，以使投资价值增加。

（四）分散投资原则

分散投资原则是指不要把全部资金都投资于一个投资对象上。人们通常所说的"不要把所有的鸡蛋都放在一个篮子里"，就是对这一原则的最好诠释。收益高的投资项目，其风险也大；风险小的投资项目，其收益也低。如果将全部资金都投资于收益高的项目，由于其风险较大，一旦投资失败，就可能全军覆没；如果都投资于风险较小的项目，就会丧失获得更多收益的机会。因此，投资者应坚持分散投资的原则，这样，即使一些投资项目出现亏损，也会因为其他项目获得良好收益而得到补偿。

（五）保持平常心的原则

保持平常心的原则有两个含义，其一是指要正确地对待盈亏，应具有一定的心理承受能力。投资者进行投资的目的就是要获取收益，但金融市场上没有常胜将军，投资失败在所难免，不要把财富的增减看作是投资的唯一目标。在投资获利时，不要被胜利冲昏头脑，只顾一味赚钱而忘乎所以，一旦产生贪婪心理、失去平常心，就有可能由胜转败，金融市场上"坐电梯"的现象屡见不鲜。在投资失利时，也不必悲观绝望、孤注一掷，要冷静下来，认真总结教训，以利再战。其二是指要冷静地看待投资对象价格的涨落。在金融市场上，投资对象的价格每时每刻都会变化，当价格上涨时，特别是大涨时，有些投资者就急不可待，唯恐买不到而高价买进；相反当价格下跌时，特别是大跌时，又会产生恐慌心理，唯恐价格进一步下跌而慌忙低价抛出、盲目跟风，结果损失惨重。投资对象的价格涨落是正常的，也是经常的，投资者对投资对象的价格变化要正确对待，保持清醒的头脑，冷静思考，盲目追涨杀跌是不可取的。

三、投资的分类

投资可以从不同的角度、按不同的标志进行分类，对投资进行分类的主要方式列举如下：

（一）按投资的对象进行分类

按投资的对象进行分类，可以将投资分为证券投资、衍生金融工具投资和风险投资。

1.证券投资

证券投资是指投资者运用持有资金买卖证券获取收益的行为。

广义的证券是一种表明对某项资产或利益拥有所有权的书面证明，包括商品证券、货币证券和资本证券。商品证券是表明对某种商品或货物拥有提取领用权的凭证，如提货单和运货单等。货币证券是指对货币具有索取权的凭证，可以代替货币使用，如支票、本票和汇票等。资本证券是指能按期从发行处领取收益的权益性凭证，包括股权证券和债券证券。

狭义的证券投资通常仅指资本证券投资。最早的债券投资可以追溯到12世纪末，当时威尼斯共和国就发行过债券。15世纪，在地中海沿岸的城市出现了公众入股的商业组织，股票投资由此产生。现代证券投资应该是20世纪初开始的，在第二次世界大战后得到迅速发展。

2.衍生金融工具投资

衍生金融工具是近年来金融创新的产物，是在传统金融工具基础上衍生出来的，是指以传统金融工具的存在为前提，以这些金融工具为买卖对象，价格由其决定的金融工具。衍生金融工具的出现，为投资者进行投资提供了更广阔的空间。

3.风险投资

风险投资是指投资者甘冒风险，对新兴的、迅速发展的、蕴藏着巨大竞争潜力的企业的一种权益性投资。风险资本既不是借贷资本，又不是证券资本。近几年来，风险投资在全球迅速发展，美国近90%的高新技术企业是在风险投资的支持下发展起来的，我国的风险投资也在逐渐发展。

（二）按与投资的关系进行分类

按与投资的关系进行分类，可以将投资分为直接投资和间接投资。

1.直接投资

直接投资是指投资者自己运用资金在金融市场上直接进行金融工具的买卖。直接投资通常具有较大的风险，其收益也不确定，可能较高，也可能较低，甚至可能连本金都会损失掉，所以要求投资者掌握一定的专业知识，具有较强的分析能力和判断力。

2.间接投资

间接投资是指投资者投资于金融投资机构本身所发行的证券，而不是直接在金融市场上进行金融工具的交易。与个人直接投资相比，这种金融投资机构是专门从事金融投资的，资金雄厚，有专门的分析研究部门，具有个人投资者不能比拟的优势，如投资基金等。投资者将其资金投资于金融投资机构，既可以相对降低投资风险，又可以享受到专家理财的成果。

（三）按投资的时间进行分类

按投资的时间进行分类，可以将投资分为短期投资和长期投资。

1.短期投资

一般来说，持有时间在一年以内的投资称为短期投资，有时这个时间会更短，甚至当日买进当日就卖出。这种投资的实质属于投机行为。对于短期投资的投资人来说，金融工具价格的涨落是最重要的，投资的目标就是要获取价差收益。短期投资的投资者必须极富交易经验，对市场反应相当敏感。他们的存在，对于活跃金融市场有十分重要的作用。

2.长期投资

持有时间超过一年的投资称为长期投资。长期投资的投资者以获取长期财富增值为投资目标，而不为一时的金融工具价格涨跌所动，他们更关注金融工具的发行者，对金融工具发行者的发展前景有充分的信心。他们的存在，对于稳定金融市场有十分重要的作用。

第二节 金融市场

金融市场是现代货币信用制度的产物,是现代经济体系中一个重要的部分。现代金融市场以资本市场为核心,以独特的交易方式和运行机制,将所有的金融机构、一切融资行为和金融交易联系起来,构成资金融通的综合体系。

一、金融市场的含义

要从事金融投资,必须从认识现代的金融市场开始。金融市场是建立在金融商品买卖基础上的金融交易场所、交易机制和各种交易活动的综合体系。在经济生活中,总有一些经济单位或个人由于各种原因而产生资金需求,成为资金需求者。同时,也会存在拥有闲置资金的经济单位和个人,成为资金供给者。在这种资金需求者与资金供给者共存的经济环境下,要实现资金从资金供给者到资金需求者的转移,就需要有金融工具、交易机制和交易场所,由此促进了金融市场的形成。

金融市场最主要的作用是交易和定价,金融商品买卖的存在,导致了定价的必要性,当然,定价也是为了交易,使交易成为可能。金融市场具有以下四个特征:

(一)金融市场是一个特殊的商品市场

在一般市场上交易的是使用价值各异的商品,金融市场则以融通资金为主要特征,以特殊的商品,即货币作为交易对象,表现为发行、买卖短期或长期的金融工具。这一特征区别于市场经济中的其他市场,金融市场总是表现为金融商品的各种买卖行为,但金融商品本身不是交易的目的,金融市场的实质内容和最终目的是实现资金的转移。

(二)金融市场可以分为广义金融市场和狭义金融市场

广义的金融市场泛指所有进行资金交易的市场,涵盖间接融资和直接融资领域,把社会的一切融资活动，包括存贷业务、保险业务、信托业务、贵金属买卖业务、外汇买卖业务、金融同业拆借和各种有价证券的买卖都纳入金融市场范畴。

狭义的金融市场仅指交易双方通过办理各种标准化的票据和有价证券交易，实现融资的市场。之所以这样区分，是因为狭义的金融市场具有更为强烈的市场化特征：狭义金融市场上的交易主体双方是直接通过市场进行投资、筹资活动，交易方式表现为多边性的竞买、竞卖行为，交易价格及条件由众多交易者的市场竞争形成。狭义金融市场的交易对象具有标准化的内容和格式，从而方便交易对象在市场上的流通与转让。由于狭义金融市场上的交易是公开的、自由的，所以又称狭义金融市场为公开市场，通常所讲的金融市场是指狭义金融市场。

（三）金融市场既可以是有形市场，又可以是无形市场

金融市场可以是有形的场所，如银行、证券交易所，又可以是无形的市场，如利用电脑网络、电话等现代化设施进行资金交易。

（四）金融市场不仅是资金交易场所，更是一种市场化的交易机制

这种机制将金融市场的参与者平等、并列地集中起来，通过市场内在的规律，调节参与者的市场行为，确定金融商品的价格，实现资金的转移和有效配置。

二、金融市场构成要素

金融市场是一个由多种要素组成的有机统一体，其构成包括交易主体、金融工具、中介机构、组织形式与交易方式，以及金融市场管理。

（一）交易主体

金融市场的交易主体是指金融商品交易的参与者，就金融市场而言，是最具决定意义的组成要素，是金融市场存在和发展的基础。金融市场的参与者大致可以分为社会公众、非金融企业、金融机构、政府和中央银行五类。

1.社会公众

金融市场上的资金主要来源于家庭的储蓄，但家庭的储蓄大部分不会表现为现金方

式，而会选择适当的金融资产进行投资。社会公众或者直接参与金融市场活动，或者通过银行、保险公司等金融机构的融资活动，间接为金融市场提供资金。社会公众作为金融市场的交易主体，具有两个明显的特点：一是社会公众是金融市场资金的净供给者，他们几乎总是以投资者的身份出现在金融市场上，以购买金融商品的方式，向金融市场贷出资金；二是社会公众从事金融商品买卖的动机是追求个人经济利益。

2.非金融企业

非金融企业在金融市场上既是资金的需求者，又是资金的供给者。它通过向金融市场出售金融资产来筹集生产经营所需资金，也会将生产经营中暂时闲置的资金投资于金融市场。相对于向市场提供的资金，非金融企业从金融市场筹集的资金数量要大得多，可以说，非金融企业是金融市场上资金的净需求者，主要以资金需求者的身份活跃在金融市场上。

3.金融机构

金融机构是金融市场上的专业参与者，也是特殊参与者，在市场活动中具有交易集中、金额巨大的特点，对金融市场的运行起核心作用。在金融市场上，金融机构通过自身的负债业务，把社会大量分散的资金汇集起来，形成巨额资金，再将这些资金融通给企业、政府使用。金融机构作为金融市场参与者的特殊性体现在：对于资金供给者来说，金融机构是资金需求者；对于资金需求者来说，金融机构又是资金供给者。金融机构作为专业参与者，其专业活动是为金融交易双方创造交易条件，提供中介服务，沟通金融市场上资金需求者与供给者之间的信息往来，促成金融交易。

4.政府

政府在金融市场上具有双重身份，一是作为资金的需求者和供给者，通过发行政府债券筹集资金，利用金融市场满足公共工程的建设资金需要和调节财政收支状况，政府向金融市场提供资金主要表现为对原有负债的偿还；二是作为金融市场的调节者，主要通过中央银行对市场进行干预和调节。

5.中央银行

中央银行参与金融交易的目的是实施货币政策和维护金融市场的稳定。中央银行通过买卖金融工具、投放或回笼货币，控制和调节货币供应量，通过制定金融交易的基本规则和管理各类金融机构，直接或间接影响金融市场的交易活动。

（二）金融工具

金融工具是金融交易的对象，即金融市场的客体。金融市场上资金的转移，是以书面形式的契约为媒介的，这种具有法律效力的契约明确规定了融资双方各自的权利和义务，代表一定的资金融通关系，这种契约即是金融工具。金融交易是一种有偿转让资金的活动，为了可靠地确定融资双方的关系，金融交易一般都借助于金融工具进行。不同的金融工具，反映着不同的融资关系和性质，适应不同的融资需要。金融工具一般可以分为两类：一类是金融市场参与者为投资和筹资而创造的工具，如股票、债券、票据和借款合同等；另一类是金融市场参与者为保值、投机等目的而创造的工具，如期权合同和期货合同等。金融工具具有收益性、风险性和流动性三种基本属性。

（三）中介机构

中介机构是指在资金融通过程中为资金供求双方提供中介服务的专职机构，主要起媒介或桥梁的作用。中介机构为市场参与者提供咨询服务和交易场所，为买方寻找卖方，为卖方寻找买方，使潜在的金融交易变成现实，并代理交易双方直接参与金融交易活动，极大地促进了交易的扩张和运转效率的提高。这些机构主要包括银行、信托投资公司、证券公司、保险公司、经纪人、交易商、会计师事务所和律师事务所等。

（四）组织形式与交易方式

金融市场的组织形式为：有组织的市场，即场内交易市场；无组织的市场，即场外交易市场；第三市场，实际也是一种场外交易市场，只不过所交易的金融工具同时也在交易所上市交易；第四市场，指不通过经纪商中介而直接由买卖双方协商达成交易而形成的无形市场。

金融市场的交易方式则可以分为拍卖方式和柜台方式。拍卖方式是指买卖双方通过竞价的方式确定金融工具的成交价格，即由买卖双方分别报出买价和卖价，通过激烈的竞争，来确定金融工具的成交价格。一般说来，出价最高的购买者和出价最低的出售者将在交易中取胜。柜台方式是指金融工具的买卖价格是由交易商根据市场行情和供求关系自行确定。对某一种交易商同意交易的金融工具，交易商同时报出买价和卖价，投资者只能按交易商报出的卖价从交易商手中买入这种金融工具，或按交易商报出的买价将这种金融工具卖给交易商。在挂出新报价之前，交易商不得拒绝按已报出的买卖价格买进或卖出某种金融工具。

（五）金融市场管理

金融市场的融资活动是通过金融的自由交易实现的。由于金融市场的品种、信用方式多种多样，参与者广泛，交易规模巨大，对社会经济发展和信用状况会产生强烈的影响，所以为维护金融市场的正常秩序，政府必须进行严格的金融市场管理。其管理体制可以分为以美国为代表的集中统一的管理体制，以英国为代表的以自律管理为核心的管理体制，以及介于这两种管理体制之间的中间模式。

三、金融市场分类

金融市场可以根据不同的标准进行分类，从而按不同的角度概括金融市场的特征。

（一）按金融工具的种类进行分类

金融工具是金融市场的客体，资金的转移要借助金融工具来完成，可以说，有一种金融工具在交易，便有一个与之相应的金融市场。将金融市场按金融工具种类进行分类，可以分为股票市场、公司债券市场、政府债券市场、银行承兑市场、银行同业拆借市场、大额可转让存单市场、回购协议市场、期货市场和期权市场等。

（二）按交易机制进行分类

金融市场按交易机制进行分类，可以分为拍卖市场和柜台市场。拍卖市场又称交易所市场，交易所接受投资人的委托，按委托人规定的条件进行交易，交易所只起中介的作用，并收取提供服务的佣金。柜台市场又称场外交易市场或店头市场，交易商是交易的直接参与者，金融工具的买卖双方要通过交易商进行交易，即按交易商报出的买卖价格将金融工具卖给交易商或从交易商手中买入金融工具，交易商可以通过低价买入、高价卖出赚取价差。

（三）按资金需求的期限进行分类

根据资金的需求期限或资金的偿还期限进行分类，金融市场可以分为货币市场和资本市场。货币市场是指资金借贷期限在一年以内的交易市场,交易对象是短期金融工具。短期金融工具具有期限短、流动性强和风险小的特点,在货币层次划分上被置于现金和存款之后,具有较强的货币性,称之为准货币。货币市场的参与者相当广泛,是金融市场的重要组成部分。资本市场是指经营一年以上长期资金借贷业务或进行长期金融工具发行与交易的市场,交易对象是长期金融工具。

(四) 按金融市场的流通交易过程进行分类

根据金融市场的流通交易过程进行分类,可以分为一级市场和二级市场。一级市场又称初级市场或发行市场,是从事新证券和票据等金融工具买卖的转让市场。一级市场的经营者是投资银行、经纪人和证券商,主要承担新发证券的承销和分销业务。二级市场又称次级市场或流通市场,是从事已上市的旧证券和票据等金融工具买卖的转让市场。二级市场的经营者是经纪人和证券商,经营已上市流通的证券。

(五) 按金融工具交割的时间进行分类

金融市场按金融工具交割的时间进行分类,可以分为即期市场和远期市场。即期市场是指成交后立即交割的市场,远期市场则指成交后在将来约定的时间再交割的市场。

(六) 按金融市场所处的地理位置和范围进行分类

金融市场按其所处的地理位置和范围进行分类,可以分为地方性金融市场、区域性金融市场、全国性金融市场和国际金融市场等,这种分类在表层上表现为地理位置和空间范围的不同,实质则在于市场制度的差异。

在西方国家金融市场实务中,通常按金融工具的大类分为股票市场、债券市场、货币市场、外汇市场、期货市场和期权市场六大市场,其中,前三个市场是有价证券市场,是金融市场的核心,外汇市场具有买卖外国通货和保值、投机的功能,期货市场和期权市场则具有保值和投机的功能。

第三节 投资基金

一、投资基金概述

投资基金既是证券市场上一种特殊的投资组织,又是一种特殊的投资工具。投资基金是证券市场发展到一定阶段的产物,依托于证券市场而存在与发展,其发展和运作与其他金融工具相比,具有自身的特殊性。

(一)投资基金的含义

投资基金于 1868 年起源于英国,20 世纪初,在欧美国家受到越来越广泛的关注,在西方发达国家经过了一百多年的发展,并在美国达到了空前的大发展。如今,无论是在国外,还是在我国国内,投资基金的数量不断增长,规模不断扩大,已成为资本市场和信贷市场上的重要角色,并对全球的社会长期资本形成起到了关键性的作用。

投资基金是一种将不确定的投资者的资金汇集起来,委托专业的金融投资机构进行管理和操作,并将所得的收益按出资比例由投资者分享的一种投资工具。投资基金实行集合投资制度,它主要通过向投资者发行股票和受益凭证,将社会上的小额闲散资金集中起来,交由专业的投资机构,并将其投资于各种金融资产,如股票、债券、外汇、期货和期权等,获得的收益按投资者的出资比例进行分配。投资机构本身只作为资金管理者,获得一定比例的佣金。

世界各国和各地区对投资基金的称谓有所不同,在美国称为"共同基金",在英国及我国香港特别行政区称为"单位信托基金",在欧洲和一些国家称为"集合投资基金"或"集合投资计划",等等。

(二)投资基金的本质

投资基金既是一种金融制度,又是一种金融工具。

作为一种金融制度，投资基金属于广义信托范畴，与信托具有共同的本质联系，具体联系包括如下：第一，两者都是代理他人运用资金；第二，两者都具有有效地融通资金和集中社会闲散资金的功能；第三，两者都有委托人、受托人和受益人三方当事人。但是，投资基金与广义信托又有区别，它属于金融信托的一种，且投资基金业务的当事人除了委托人、受托人和受益人之外，还必须有一个保管者。

投资基金作为一种金融工具，发行的受益凭证又可称为基金证券，它与股票、债券一样，也可以成为证券市场或金融市场的买卖对象，都是金融市场上的金融商品和资本市场上的资本商品。

（三）投资基金的特征

投资基金作为一种十分具有生命力的金融投资工具，具有与其他投资工具不同的特点，主要表现在分散风险与收益可观、专家运作与管理、投资小与费用低、流动性较强方面。

1. 分散风险与收益可观

投资基金将中小投资者的小额资金汇集成一笔数额较大的资金后，再分散投资于不同地区、不同行业的多种股票、债券、期货等金融工具上。投资基金采取组合投资策略，因此可以最大限度地分散风险，其风险低于股票，同时其报酬一般高于债券，也高于同期银行存款利息。

2. 专家运作与管理

一般个人投资者由于自身商业知识、精力及信息等方面的不足，所以很难在受到众多宏观和微观因素影响、错综复杂的证券市场上获得理想的报酬。而基金管理机构拥有众多具有丰富投资经验、娴熟投资技巧和敏锐市场洞察力的各方面专家，包括经济专家、财务专家及投资分析专家，较一般的投资者能够享受投资专家的专业理财服务，从而获得良好的投资收益。

3. 投资小与费用低

投资基金的最低投资额一般较低。以我国为例，每份基金单位面值为1元人民币，封闭式基金最低可买1手即100份基金单位，而开放式基金最低投资额一般为1 000元。这样，投资者就可以根据自己的财力大小，多买或少买基金单位。

投资基金的费用通常较低。根据国际惯例，基金管理公司根据所提供的基金管理服务而向基金收取的管理费一般为基金资产净值的 1%～2.5%，而投资者购买基金需缴纳的费用通常为认购总额的 0.25%，低于购买股票的费用。并且，由于基金集中了大量的资金进行证券交易，通常也能在手续费方面得到证券商的优惠。另外，很多国家和地区为了支持基金业的发展，还对基金的税收给予优惠待遇。

4.流动性较强

基金的买卖程序非常简便。对于开放式基金而言，投资者既可以向基金管理公司直接购买或赎回基金，又可以通过证券公司、银行等代理销售机构购买或赎回，或委托投资顾问机构代为买入。

（四）投资基金的分类

投资基金的品种繁多，也像其他金融工具一样，经历着一个不断创新、不断发展的过程，因而从不同的角度可以进行不同的分类。

1.契约型基金和公司型基金

按组织形态进行分类，投资基金可分为契约型基金和公司型基金。

（1）契约型基金。契约型基金是一种信托性投资基金，它是基于一定的信托契约而组织起来的代理投资行为，一般是由投资者（既是委托人，又是受益人）、基金管理公司（受托人）和基金保管机构（资产托管人）三方当事人通过订立信托投资契约而建立起来的。

契约型基金的三方当事人之间存在着这样的一种关系：受托人依照契约运用信托财产进行投资，托管人依照契约负责保管信托财产，投资者依照契约享受投资收益。

契约型基金筹集资金的方式一般是发行受益凭证，即基金证券，它作为一种有价证券，表明投资人对信托投资的所有权，投资人凭其所有权参与分配。

契约型基金依照其具体经营方式，又可划分为两种类型，即单位型和基金型。

①单位型。它的设定是以某一特定资本总额为限筹集资金组成单独的基金，筹资额满，不再筹集资金。它往往有一个固定的期限，到期停止，信托契约也就解除，退回本金与收益。信托契约期限未满，既不得解约或退回本金，也不得追加投资，我国香港特别行政区的单位信托基金就属于此类。

②基金型。这类基金的规模和期限都不固定。在期限上，这类基金是无限期的；在资本规模上，既可以有资本总额限制，又可以没有这种限制。基金单位价格由单位基金

资产净值、管理费及手续费等构成，原投资者既可以以买价把受益凭证卖给代理投资机构，以解除信托契约抽回资金，又可以以卖价从代理投资机构那里买入基金单位进行投资，建立信托契约，英国的一些契约型基金就属于此类。目前，契约型基金主要分布在日本、韩国、英国、东南亚地区和我国，我国的基金目前全部属于契约型基金。

（2）公司型基金。公司型基金是依据一国或地区公司法而成立的投资基金，即发起人发起组织的、以投资为目的的投资公司（也称基金公司）发行投资基金股份，投资者购买基金股份，参与共同投资的信托财产形态。投资者为投资公司股东，具有股东的所有权利，即决议权、利益分配请求权、剩余财产分配权等，而非受益证券持有人（受益证券持有人不享有股东权利，只享受利益分配权和剩余财产权利）。在公司型投资基金中，投资者虽为股东，经董事会选出的董事长对公司事务行使形式上的控制权，但事实上，投资公司多以证券商等组织为大股东，公司本身大多不从事实际经营，而雇用与公司有关的人士（或专门的经理公司）担任实际经营者，不仅股东无权，连董事会也徒有形式。

（3）契约型基金与公司型基金的比较。契约型基金与公司型基金的重要区别在于：公司型基金的投资者购买投资公司的股票后成为公司股东，以股息形式取得收益，并可参加股东大会，行使股东权利；契约型基金的投资者购买受益凭证，是契约关系的当事人，即受益人，对资金的运用没有发言权。

2.开放式基金与封闭式基金

根据基金单位是否可以增加或赎回，投资基金可分为开放式基金和封闭式基金。

（1）开放式基金。开放式基金是指基金发行总额不固定，而基金单位总数随时增减，投资者可以按基金的报价在国家规定的营业场所申购或赎回基金单位的一种基金。

开放式基金的基金单位总额是可以追加的、不封闭的，一般在基金设立3个月后，投资者可根据市场状况和自己的投资决策决定是否申购或赎回。投资者一般会申购业绩表现好的基金、赎回业绩表现差的基金，结果是业绩好的基金的规模会越滚越大，而业绩差的基金的规模会逐渐萎缩，直到其规模小到某一标准时，基金则会被清盘。

开放式基金一般不上市，且没有固定的存续期，投资者如果想要买卖开放式基金，通过向基金管理公司或其代销机构提出申购或赎回申请，确认有效后进行基金的买卖。

开放式基金要求基金管理公司于每个开放日公布基金单位资产净值，并以基金单位资产净值为基础确定交易价格。交易价格不受基金市场及相关股票、债券市场供求关系变化的影响。

（2）封闭式基金。封闭式基金是指基金管理公司在设立基金时，限定了基金的发行总额，在初次发行达到了预定的发行计划后，基金即宣告成立，并进行封闭，且在一定时期内不再追加发行新基金单位的一种基金。

封闭式基金发行上市后，通常有固定的存续期，目前，我国封闭式基金的存续期为10年或15年。在存续期内，如果未经法定程序认可，不能扩大基金的规模。当期满时，要进行基金清盘，除非在基金份额持有人大会通过并经监管机关同意的情况下，才可以延长存续期。

封闭式基金在证券交易所二级市场上挂牌买卖，其价格随行就市，直接受到基金供求关系、其他基金的价格，以及股市、债市行情等的共同影响，一般总是偏离基金的资产净值，即产生基金价格和基金资产净值之间的"折价"或"溢价"现象。

封闭式基金不必按日公布资产净值，目前，我国规定只要每周公布一次基金单位净值即可。

3.成长型基金、收入型基金和平衡性基金

根据投资风险和收益的不同，投资基金可分为成长型基金、收入型基金和平衡型基金三种。

成长型基金追求资本的长期增值，并注意为投资者争取一定的收益。因此，其投资对象主要是市场中有较大升值潜力的小公司股票，有的也投资于一些新兴的、但目前经营比较困难的行业股票。这类基金的投资策略是尽量充分运用其资金，当行情较好时，甚至借入资金进行投资。这类基金敢于冒险，为了扩大投资额，经常将投资者应得股息也重新投入市场，其股息分配只占投资收益的一小部分。

收入型基金注重当期收入最大化和基金证券价格增长，因而其投资对象主要是那些绩优股及派息较高的债券、可转让大额定期存单等收入较高且比较稳定的有价证券。这类基金的投资策略是强调投资组合多元化，以分散风险，其投资策略比较稳健，所以它们经常持有较高比例的现金资产。为了满足投资者对收益的要求，收入型基金一般都坚持按时派发股息。

平衡性基金是既追求长期资本增值，又追求当期收入的基金，这类基金主要投资于债券、优先股和部分股票，这些有价证券在投资组合中有比较稳定的组合比例，一般是把资产总额的25%～50%用于优先股和债券，其余的用于普通股投资，其风险和收益状况介于成长型基金和收入型基金之间。

4.股票基金、债券基金与货币市场基金

按照投资对象来划分,投资基金可分为股票基金、债券基金与货币市场基金。

股票基金是指投资于股票的基金。这是各国采用最广泛的一种基金形式,也是资本市场上最重要的基金类型。

债券基金是指投资于债券的基金,其规模仅次于股票基金。这种基金是基金管理公司为稳健型的投资者设计的,其投资回报率一般来说比股票基金低。

货币市场基金主要是货币市场上那些具有较高流动性的有价证券,如国库券、大额可转让定期存单、商业票据、承兑汇票、银行同业拆借及回购协议等。这类基金的主要特点是:第一,流动性强,安全性高;第二,投资成本低,收益高于银行存款;第三,基金期限无限期。

二、投资基金的设立

基金的设立是基金运作的第一步。各个国家和地区对基金的发起设立都有一定的资格要求和限制,但不同的国家和地区对基金的发起设立要求不同,本节主要以我国为例,来介绍基金的发起设立。由于中国的基金业发展时间不长,所以我国对基金发起设立的要求比较严格,基金的设立必须经中国证监会审查批准。

(一)基金发起人

基金发起人是指为设立基金采取必要的行为和措施,并完成发起设立基金的法定程序的机构。发起人在发起设立基金过程中的行为称为发起行为。在筹备基金过程中,发起人必须负责起草设立报告,设计基金的具体方案,拟订基金合同等有关文件,还要为基金的设立承担法律责任。

(二)投资基金的设立程序

1.设计基金的具体方案

要成功发起设立一个投资基金,必须先做好基金的必要性和可行性分析,设计好基金方案。基金的主要发起人必须先看好某一投资市场的潜力,认为有必要为此设立一个基金,才着手筹备。接下来要进行可行性分析,可行性分析的内容是对潜在投资者进行

分析。然后就可以设计一个具体的基金方案，方案内容包括基金类型、发行时间、发行地点、发起规模及存续时间等。

2.与有关各方签订合约

第二步的工作是聘请基金经理人和基金保管人，以及投资顾问、注册会计师、律师、财务顾问等，并与之签订合约。

3.准备各项申报文件，向主管机关报批

证监会要求提交的报告及文件包括以下八个方面：

（1）申请报告。申请报告的主要内容包括基金名称、拟申请设立基金的必要性和可行性、基金类型、基金规模、存续时间、发行价格、发行对象、基金的交易或申购和赎回安排、拟委托的托管人和重要发起人签字、盖章。

（2）发起人名单及协议。主要内容包括如下：发起人的基本情况、法人资格与业务资格证明文件；拟设立基金的名称、类型、规模、募集方式和存续时间；基金发起人的权利和义务，并具体说明基金未成立时各发起人的责任和义务；发起人认购基金单位的出资方式、期限，以及首次认购和存续期间持有的基金单位份额；拟聘任的基金托管人和基金管理人；发起人对主要发起人的授权。

（3）基金合同草案和托管协议草案。基金合同是指基金管理人、基金托管人、基金发起人为设立投资基金而设立的、用以明确基金当事人各方权利和义务关系的书面文件。管理人对基金财产具有经营管理权，托管人对基金财产具有保管权，投资人则对基金运营收益享有收益权。

基金合同不但规范了管理人与托管人的行为准则，而且规范了基金其他当事人如基金持有人、律师及会计师的地位和责任。同时，基金合同也为制定投资基金的其他文件提供了依据，包括招募说明书、基金募集方案及发行计划等。如果这些文件与基金合同出现相抵触的情况，则必须以基金合同为准。因此，基金合同是基金正常运作的基础性文件。

基金合同作为基金正常运作的基本文件，其内容非常广泛，根据《中华人民共和国证券投资基金法》的相关规定，基金合同应当包括下列内容：

①募集基金的目的和基金名称；
②基金管理人、基金托管人的名称和住所；
③基金的运作方式；

④封闭式基金的基金份额总额和基金合同期限，或者开放式基金的最低募集份额总额；

⑤确定基金份额发售日期、价格和费用的原则；

⑥基金份额持有人、基金管理人和基金托管人的权利、义务；

⑦基金份额持有人大会召集、议事及表决的程序和规则；

⑧基金份额发售、交易、申购、赎回的程序、时间、地点、费用计算方式，以及给付赎回款项的时间和方式；

⑨基金收益分配原则、执行方式；

⑩基金管理人、基金托管人报酬的提取、支付方式与比例。

（4）招募说明书草案。

招募说明书是基金的自我介绍性文件，其目的在于提供基金详情，以便投资者作出是否投资该基金的决策。一般来讲，基金合同制订的依据是该国或地区的有关投资基金的法律、法规，而确定招募说明书的依据则应是信托契约。基金合同是基金经理人与托管人之间签订的负法律责任的纲领性文件，因此措辞严谨，有关条款是原则性的；而招募说明书是写给投资公众看的，所以措辞通俗，有关条款是详细、具体的。根据《中华人民共和国证券投资基金法》的有关规定，招募说明书的主要内容包括以下方面：

①基金募集申请的准予注册文件名称和注册日期；

②基金管理人、基金托管人的基本情况；

③基金合同和基金托管协议的内容摘要；

④基金份额的发售日期、价格、费用和期限；

⑤基金份额的发售方式、发售机构及登记机构名称；

⑥出具法律意见书的律师事务所和审计基金财产的会计师事务所的名称和住所；

⑦基金管理人、基金托管人报酬及其他有关费用的提取、支付方式与比例；

⑧风险警示内容；

⑨国务院证券监督管理机构规定的其他内容。

（5）基金管理人和基金托管人的资格证明文件。

（6）经会计师事务所审计的基金管理人和基金托管人最近三年或者成立以来的财务会计报告。

（7）律师事务所出具的法律意见书。

法律意见书是具有从事证券法律业务资格的律师事务所对发起人资格、发起人协议、基金合同、托管协议、招募说明书、基金管理公司章程、拟委任的基金托管人和管理人的资格、本次发行的实质性条件、发起人的重要财务状况等问题出具的法律意见。

（8）中国证监会要求的其他文件。

4.公布基金招募说明书，发售基金证券

根据《中华人民共和国证券投资基金法》的相关规定，基金募集申请经核准后，方可发售基金份额。基金份额的发售，由基金管理人负责办理；基金管理人可以委托经国务院证券监督管理机构认定的其他机构代为办理。基金管理人应当在基金份额发售的三日前公布招募说明书、基金合同及其他有关文件。

（三）基金证券的发行与认购

1.基金证券的发行

基金证券的发行即投资基金募集。在得到主管机关批准后，投资基金的发起人即可以进行基金证券的发行工作。

（1）基金证券与基金单位。基金证券是基金发起人或其委托的证券机构向投资者发行的，表示其持有人按其所持基金份额，享有基金资产所有权、收益分配权、剩余财产分配权和其他权利，并承担相应义务的可转让或可赎回的凭证。

投资基金在募集资金时，为了正确计量投资者的投资份额及受益权份额，必须确定基金单位。基金单位又称受益权单位，在某种意义上讲，基金单位也可看作是投资最低额。例如，某个基金在发行时规定认购基金为10元或10元的倍数金额，这表明该基金单位是10元，投资100元即为10个基金单位，投资5 000元即为500个基金单位。

受益凭证是常见的基金证券形式。受益凭证多是无面额的、可自由转让的有价证券。它记载着投资者认购的基金单位数，表明受益人可依基金单位数所占的比例分享本基金权益的资格，以及对基金管理机构或保管机构行使基金管理办法和信托契约所规定的各项权利。

（2）基金发行成本。基金发行成本是指基金管理公司或基金保管人在发行基金过程中发生的各种费用开支。基金发行成本的高低与筹资者的发行效益关系密切。发行成本主要有以下三项：

①印刷费。

②手续费。手续费包括基金管理公司在申请发行时向证券主管机关支付的费用，以及委托证券承销机构代理发行基金受益凭证时需支付的费用。

③宣传广告费。

(3) 基金的发行方式。证券投资基金的设立在获得主管部门批准后，便进入募集发行阶段，即向特定投资者或社会公众宣传介绍基金的情况，并通过基金承销机构或基金自身向投资者销售受益凭证或基金公司股份来募集资金。只有在募集资金达到法律法规对投资基金的要求后，募集的资金才能用来进行投资，使基金进入投资运作阶段。

基金的发行与股票的发行一样，有多种形式，按照发行对象的不同，可以分为私募发行和公募发行。我国的投资基金只能采取公募发行方式，即公开发行的方式。

证券投资基金的发行只有在符合以下条件时，才能成立：

①封闭式基金的募集期限为自该基金收到准予注册起的 6 个月，只有在募集期限内募集的资金超过该基金批准规模的 80%，该基金方可成立；

②开放式基金的募集期限也是 6 个月，在募集期限内，净销售额超过核准的最低募集份额总额，基金方可成立。

如果基金的募集未能达到上面的要求，则基金发行失败，基金发起人必须承担基金的募集费用，已募集的资金并加计银行活期存款利息，必须在 30 日之内退还给基金认购人。

在我国现行的基金发行机制中，如果在发行期内，基金未足额认购，可以延长基金发行期，最终还可以由基金承销团包销。因此，在实际基金发行中并没有基金不能成立的风险，但如果发生基金延长发行期或承销团包销的情况，则在很大程度上会被看作是基金发行的失败。

2.投资基金的认购

投资者通过购买契约型基金的受益凭证或购买公司型基金的股份，实现其投资。在一般情况下，投资者购买投资基金的数额都有一个最低限值，即至少要购买若干份额。基金的认购手续比较简单，但在具体操作程序上，不同类型的基金又有不同的认购方式。

(1) 开放式基金的认购方式。

①投资者凭身份证和印章到管理机构或指定的承销机构，填写申请认购表，并留下印签；

②按所认购的份额缴纳价款和手续费，取得缴款单，并等候领取基金的通知；

③通常在几天后，投资者得到领取基金的通知，再凭通知和缴款单，到指定地点领取基金，完成认购过程。

同一开放式基金的认购价格不完全一样。在首次发行期内认购（投资者在基金首次发行期内的购买,称为"认购"),按发行面额计价(另外加计认购费用)。发行结束后申购(投资者在基金成立以后的日常购买,称为"申购"),按前一营业日的单位净资产价值计价。投资者在认购时无法确切知道其所认购的受益权单位数,须等到管理人对销售日受益单位净资产价值进行核算后才能知道。

(2)封闭式基金的认购方式。

封闭式基金的认购方式比开放式基金认购方式简单,即投资者只能在基金发行期内认购,认购手续和方式与开放式基金一样,认购价格也按面额计算(另外加计认购费用)。发行期过后,投资者若要拥有这类基金,则只能通过在证券二级市场上竞价购买,其价格按当日挂牌的交易价计算,购买手续与购买股票一样。

三、投资基金的治理结构

目前,证券市场上投资基金种类较多,组织运行也有各自的特色,但基本构成要素是一样的,即一般由基金管理人、基金托管人和投资人组成。基金治理结构的本质就是对基金各个参与方的权、责、利关系进行一种制度安排,或者说基金治理结构就是一种制度架构。通过这个制度架构,基金各个参与方之间形成一种制衡关系,从而有效地协调各方的利益,并使基金整体目标在基金各参与方之间努力实现,从而有利于他们各自的目标在整个过程中得以实现。投资基金的治理结构完善与否,关系到投资基金能否高效运行。

(一)基金治理结构概述

1. 基金治理结构的含义

基金的治理结构,就是指基金管理人、托管人、持有人,以及其他利益主体之间的相互关系。根据基金组织制度的不同,基金治理结构分为公司型基金的治理结构和契约型基金的治理结构。

基金持有人与基金管理人的关系类似于上市公司中的股东与管理层的关系,实质上是所有者与经营者之间的关系。基金持有人是基金资产的所有者,基金管理人是基金资产的经营者。

基金管理人与基金托管人是为基金持有人服务的主要机构,这两者之间具有相互监督的关系。基金管理人虽然管理基金资产，但并不实际接触和拥有基金资产。基金托管人依据基金管理人的指令进行价格清算，同时监督基金管理者的投资运作是否合法、合规。基金管理人与基金托管人均对基金持有人负责，他们的权利与义务在基金的契约或章程中已事先载明，且任何一方违反规定，对方都应当监督并及时制止，甚至要求将违规方更换掉。这种相互制衡的制度设计，保证了基金资产的安全和资产运用的效率，有利于维护基金持有人的利益。

基金持有人与基金管理人的关系是委托与受托的关系，即基金持有人把基金资产委托给基金管理人投资运作。基金管理人再把基金资产委托给专门的机构保管，有利于确保基金资产的安全，尤其是在基金持有人比较分散，单个基金持有人无法监督保护资产安全的情况下，基金托管人有义务保证资产的安全，监管基金管理人的投资行为，防止基金管理人损害基金持有人的利益。

2.我国契约型基金的治理结构

目前，《中华人民共和国公司法》规定不可以设立可变资本公司，并且原则上禁止公司收购本公司股份。因此，投资基金不可能采用公司的法律形态。由于我国封闭式基金一直采取的是契约型基金形态，经过多年的发展，已经积累了丰富的经验。以目前已发行的封闭式基金和开放式基金为例，我国契约型基金的治理结构如下：

（1）基金份额持有人大会。基金份额持有人大会是契约型基金的最高权力机构。基金份额持有人大会主要讨论有关基金持有人利益的重大事项，如终止基金、与其他基金合并、修改基金合同、更换基金管理人、更换基金托管人和召集人等。

（2）基金管理人。我国称基金管理人为基金管理公司，由聘请的职业投资专家组成。基金管理人负责基金的设立、募集、资产运用、售后服务和收益分配等职能。基金管理人还负责与托管人、会计师事务所及律师事务所等相关利益主体的联系，组织有关的经营活动。

（3）基金托管人。基金托管人负责保管基金资产和监督基金管理人。目前，我国的基金均由商业银行托管。

（4）其他相关利益主体。其他相关利益主体，主要包括会计师事务所和律师事务所等。

（二）基金管理人

1.基金管理人的资格

证券投资基金的基金管理人，指具有专业投资知识与经验，并根据法律法规与基金合同或章程，执行基金的发起、设立、募集、投资运作及收益分配等职能，以谋求基金资产不断增值，从而实现基金持有人利益最大化的专业金融机构。基金管理人最主要的职责就是按照基金合同的规定，制定基金资产投资策略，组织专业人士，选择具体的投资对象，决定投资时机、价格和数量，运用基金资产进行有价证券投资。

为了保护基金投资者的利益，我国对基金管理人，特别是从业人员的资格作出了严格的规定。在我国，对基金管理公司的设立实行审批制，按照《证券投资基金暂行办法》的要求，在从事基金管理业务之前，基金管理公司的资本金额、信誉状况及其主要业务人员的业务素质和职业道德水准，都必须得到监管机构的认可。

根据《中华人民共和国证券投资基金法》的规定，设立基金管理公司，应当具备下列条件，并经国务院证券监督管理机构批准：

（1）符合本法和《中华人民共和国公司法》规定的章程；

（2）注册资本不低于1亿元人民币，且必须为实缴货币资本；

（3）主要股东具有从事证券经营、证券投资咨询、信托资产管理或者其他金融资产管理的较好的经营业绩和良好的社会信誉，且最近三年没有违法记录，注册资本不低于3亿元人民币；

（4）取得基金从业资格的人员达到法定人数；

（5）有符合要求的营业场所、安全防范设施和与基金管理业务有关的其他设施；

（6）有完善的内部稽核监控制度和风险控制制度；

（7）法律、行政法规规定的和经国务院批准的国务院证券监督管理机构规定的其他条件。

2.基金管理人的职责

按照《中华人民共和国证券投资基金法》的相关规定，基金管理人应履行下列职责：

（1）依法募集基金，办理或者委托经国务院证券监督管理机构认定的其他机构代为办理基金份额的发售、申购、赎回和登记事宜；

（2）办理基金备案手续；

（3）对所管理的不同基金财产分别管理、分别记账，进行证券投资；

（4）按照基金合同的约定来确定基金收益分配方案，并及时向基金份额持有人分配收益；

（5）进行基金会计核算，并编制基金财务会计报告；

（6）编制中期和年度基金报告；

（7）计算并公告基金资产净值，确定基金份额申购、赎回价格；

（8）办理与基金财产管理业务活动有关的信息披露事项；

（9）召集基金份额持有人大会；

（10）保存基金财产管理业务活动的记录、账册、报表和其他相关资料；

（11）以基金管理人名义，代表基金份额持有人利益行使诉讼权利或者实施其他法律行为；

（12）国务院证券监督管理机构规定的其他职责。

除了这些要求外，《开放式证券投资基金试点办法》中还规定，开放式基金管理人应当履行以下职责：

①依据基金合同，决定基金收益分配方案；

②编制并公告季度报告、中期报告及年度报告等定期报告；

③办理与基金有关的信息披露事宜；

④确保需要向基金投资人提供的各项文件和资料在规定的时间内发出，并且保证投资人能够按照基金合同规定的时间和方式，随时查阅到与基金有关的公开资料，并得到有关资料的复印件。

3.基金管理人的职责终止

基金管理人的退任，指现任的基金管理人由于失去了继续担任基金管理人的条件，而经主管机关批准，不再担任基金管理人的制度。我国《中华人民共和国证券投资基金法》规定，发生下列情形之一的，基金管理人职责终止：

（1）被依法取消基金管理资格；

（2）被基金份额持有人大会解任；

（3）依法解散、被依法撤销或者被依法宣告破产；

（4）基金合同约定的其他情形。

（三）基金托管人

1.基金托管人的资格

基金托管人是基金资产的保管人和名义持有人。在基金治理结构中引进基金托管人，目的在于监督基金管理人，以保护基金持有人的利益，防止基金资产被挪用。因而基金托管人一般由具有一定资产规模，享有盛誉的商业银行、投资银行和保险公司来担任，以确保这一内部监管机制得到彻底执行。基金托管人、基金管理人应当在行政上、财务上相互独立，其高级管理人员不得在对方兼任任何职务；基金托管人必须将其自有资产与托管资产分开，对于不同的基金，要分设账户，实行分账管理。

《中华人民共和国证券投资基金法》规定，基金托管人由依法设立并取得基金托管资格的商业银行担任。在我国，目前只有中国工商银行、中国建设银行、中国农业银行、中国银行和中国交通银行有资格成为基金托管人。

申请取得基金托管资格，应当具备下列条件，并经国务院证券监督管理机构和国务院银行业监督管理机构核准：

（1）净资产和资本充足率符合有关规定；

（2）设有专门的基金托管部门；

（3）取得基金从业资格的专职人员达到法定人数；

（4）有安全保管基金财产的条件；

（5）有安全高效的清算、交割系统；

（6）有符合要求的营业场所、安全防范设施和与基金托管业务有关的其他设施；

（7）有完善的内部稽核监控制度和风险控制制度；

（8）法律、行政法规规定的和经国务院批准的国务院证券监督管理机构、国务院银行业监督管理机构规定的其他条件。

2.基金托管人的职责

《中华人民共和国证券投资基金法》对基金托管人的职责有以下规定：

（1）安全保管基金财产；

（2）按照规定开设基金财产的资金账户和证券账户；

（3）对所托管的不同基金财产分别设置账户，以确保基金财产的完整与独立；

（4）保存基金托管业务活动的记录、账册、报表和其他相关资料；

（5）按照基金合同的约定，根据基金管理人的投资指令，及时办理清算、交割事宜；

（6）办理与基金托管业务活动有关的信息披露事项；

（7）对基金财务会计报告、中期和年度基金报告出具意见；

（8）复核、审查基金管理人计算的基金资产净值和基金份额申购、赎回价格；

（9）按照规定召集基金份额持有人大会；

（10）按照规定监督基金管理人的投资运作；

（11）国务院证券监督管理机构规定的其他职责。

除了这些要求外，《开放式证券投资基金试点办法》中还规定，开放式基金托管人应当履行以下职责：

（1）依法持有基金资产；

（2）采取适当、合理的措施，使开放式基金单位的认购、申购、赎回等事项符合基金合同等有关法律文件的规定；

（3）采取适当、合理的措施，使基金管理人用以计算开放式基金单位认购、申购、赎回和注销价格的方法符合基金合同等法律文件的规定；

（4）采取适当、合理的措施，使基金投资和融资的条件符合基金合同等法律文件的规定；

（5）在定期报告内出具托管人意见，说明基金管理人在各重要方面的运作是否严格按照基金合同的规定进行。如果基金管理人有未执行基金合同规定的行为，那么还应当说明基金托管人是否采取了适当的措施。

3.基金托管人的退任

《中华人民共和国证券投资基金法》规定，国务院证券监督管理机构和国务院银行业监督管理机构对有下列情形之一的基金托管人，依据职权责令整顿，或者取消基金托管资格：

（1）有重大违法违规行为；

（2）不再具备本法第 26 条规定的条件；

（3）法律、行政法规规定的其他情形。

《中华人民共和国证券投资基金法》还规定，有下列情形之一的，基金托管人职责终止：

（1）被依法取消基金托管资格；

（2）被基金份额持有人大会解任；

（3）依法解散、被依法撤销或者被依法宣告破产；

（4）基金合同约定的其他情形。

基金托管人职责终止的，基金份额持有人大会应当在 6 个月内选任新基金托管人。在新基金托管人产生前，由国务院证券监督管理机构指定临时基金托管人。

基金托管人职责终止的，应当妥善保管基金财产和基金托管业务资料，及时办理基金财产和基金托管业务的移交手续，新基金托管人或者临时基金托管人应当及时接收。

基金托管人职责终止的，应当按照规定聘请会计师事务所对基金财产进行审计，并将审计结果予以公告，同时报国务院证券监督管理机构备案。

（四）基金份额持有人大会

1.基金份额持有人大会的召集

基金份额持有人大会是契约型基金的最高权力机构。基金持有人一般通过基金份额持有人大会来行使自己的权利。

我国契约型基金反映的是一种信托的关系，这与股票持有人所反映的产权关系有很大的不同，尽管基金持有人不能像股东那样通过股东大会来参与公司的经营管理，但基金份额持有人大会仍然是基金持有人行使自己权利的重要形式。根据《中华人民共和国证券投资基金法》的规定，下列事项应当通过召开基金份额持有人大会审议决定：

（1）提前终止基金合同；

（2）基金扩募或者延长基金合同期限；

（3）转换基金运作方式；

（4）提高基金管理人、基金托管人的报酬标准；

（5）更换基金管理人、基金托管人；

（6）基金合同约定的其他事项。

在正常情况下，基金份额持有人大会由基金管理人召集。在更换基金管理人或基金管理人无法行使召集权的情况下，由基金托管人召集基金份额持有人大会。代表基金份额 10%以上的基金份额持有人就同一事项要求召开基金份额持有人大会，而基金管理人、基金托管人都不召集的，代表基金份额 10%以上的基金份额持有人有权自行召集，并报国务院证券监督管理机构备案。召开基金份额持有人大会，并由召集人确定基金份额持有人大会的召开时间、会议形式、审议事项、议事程序和表决方式等事项。召开基金份额持有人大会时，召集人应于会议召开前 30 天，在《中国证券报》《上海证券报》及《证券时报》等证监会规定的媒体上刊登公告。基金份额持有人大会采取记名方式投票表决，每一基金份额具有一票表决权，基金份额持有人可以委托代理人出席基金份额持有人大会，并行使表决权。

2. 基金份额持有人大会的召开

基金份额持有人大会可以现场召开，也可以采取通信方式召开。我国现在一般采取通信表决方式召开。

采取现场开会的方式，基金持有人可以自己出席，也可以以代理投票授权委托书的形式委派代表参加大会。以现场开会方式举行的基金份额持有人大会要进入大会议程，必须满足以下条件：

（1）到会人数不少于规定人数；

（2）自己出席大会的基金持有人人数与委托代表出席的基金持有人人数之和不少于规定人数；

（3）出席大会的基金持有人与委托代表，必须持有合法、合规、合约的该基金的凭证，代理投票授权书等相关证明文件；

（4）其他规定。

采取通信方式召开的基金份额持有人大会，必须以书面方式进行表决。以通信方式开会若要被视为有效，就必须满足以下条件：

（1）召集人公布会议通知后，必须在两个工作日内连续公布相关的提示性公告；

（2）召集人必须在公证机关的监督下，以会议通知的方式收取基金持有人的书面意见；

（3）直接出具书面文件的与委托他人出具书面意见的基金持有人人数不得少于若干人，前两者所持有的基金份额不得少于在权利登记日基金总份额的一定比例；

（4）其他规定。

《中华人民共和国证券投资基金法》规定，基金份额持有人大会应当有代表 50%以上基金份额的持有人参加，方可召开；大会就审议事项作出决定，应当经参加大会的基金份额持有人所持表决权的 50%以上通过；但是，转换基金运作方式、更换基金管理人或者基金托管人、提前终止基金合同，应当经参加大会的基金份额持有人所持表决权的三分之二以上通过。基金份额持有人大会决定的事项，应当依法报国务院证券监督管理机构核准或者备案，并予以公告。

3.基金持有人的权利

《中华人民共和国证券投资基金法》规定，基金份额持有人享有下列权利：

（1）分享基金财产收益；

（2）参与分配清算后的剩余基金财产；

（3）依法转让或者申请赎回其持有的基金份额；

（4）按照规定要求召开基金份额持有人大会；

（5）对基金份额持有人大会审议事项行使表决权；

（6）查阅或者复制公开披露的基金信息资料；

（7）对基金管理人、基金托管人及基金份额发售机构损害其合法权益的行为依法提起诉讼；

（8）基金合同约定的其他权利。

四、投资基金的估值与交易

从投资者的角度看，基金与股票、债券一样，都可以作为投资者选择的投资工具。但基金与股票、债券又有较大区别，选择基金进行投资，应对基金进行评估，从而了解基金价格的组成，熟悉基金的交易方式。

（一）基金的价格

1.开放式基金的价格

开放式基金一般报两种价格，即卖出价和买入价，这与外汇买卖报价是一样的。但要注意的是，卖出价或买入价是针对基金管理公司而言的。卖出价是基金管理公司卖出基金单位的价格，也是投资者的买入（申购）价；买入价是基金管理公司买入基金单位的价格，也就是投资者的赎回价。

一般来讲，卖出价里包括销售机构的佣金。销售机构的佣金在卖出基金单位时收取，称为"前收费"；也可以在投资者赎回时收取，称为"后收费"。无论是前收费，还是后收费，只能收取一次。在前收费条件下，卖出价的计算公式是：

$$卖出价=单位净资产价值+销售佣金 \qquad (3-1)$$

基金的买入价一般来说有三种计算方法：第一种，买入价就是基金单位净值；第二种，买入价等于单位资产净值减去后收费；第三种，买入价是在第一种和第二种价格的基础上减去赎回费。

基金管理公司采取何种方式来计算基金价格，如何计算基金的价格，会在基金招募说明书中或基金合同中详细说明。

2.封闭式基金的价格

（1）基金面值、净值与市价。基金面值是指基金证券的账面价值，净值可以看作是基金证券的实际价值，市价是基金在二级市场上的现实价格。基金面值、净值、市价都是封闭式基金价格的构成内容，它们之间有着密切的联系。面值、净值是市价的基础，而市价是面值和净值的市场表现形式。

另外，这三种价格通常出现在三个不同阶段。基金发行阶段，又称第一阶段，发行价格一般为基金面值，此即平价发行（我国基金发行时一般按照1.01元基金单位的价格发行，其中0.01元是发行费用）。基金发行期满后至基金上市日之前为第二阶段，这时的基金价格是按资产净值计算。基金上市交易后称为交易阶段，又称第三阶段，这时的基金价格是由交易双方在证券市场上通过公开竞价的方法来确定的，即按市价买卖。对投资者来说，当基金封闭以后，面值已无多大意义，投资者关注的是净值；而待基金上市交易后，投资者最关心的是市价及其背后的净值。

（2）折价与溢价。当基金的市价高于净值时，称为溢价；当基金的市价低于净值时，称为折价。

在绝大多数情况下，封闭式基金的价格均低于资产净值，即处于折价交易状态。例如，美国封闭式基金折价幅度一般在10%～20%。我国封闭式基金从1998年发行后，经历了一个从溢价到折价的过程。我国投资基金在刚上市交易的时候，由于对投资基金缺乏正确的认识，所以基金的市场价格普遍出现较高的溢价，但随着时间的推移，又普遍出现了折价现象。

（二）基金的资产净值

1.资产净值的含义

基金资产净值，是指在某一时点一个基金单位实际代表的价值。

基金资产净值的计算公式为：

$$NAV=（总资产-总负债）/股份总数或受益凭证单位数 \qquad (3-2)$$

总资产是指基金拥有的所有资产的价值，包括现金、股票、债券、银行存款和其他有价证券。总负债是指基金应付给基金管理人的管理费和基金托管人的托管费等应付费用和其他负债。因为开放式基金申购和赎回的价格是依据基金的净资产价值计算的，所以如何公允地计算基金资产价值，对投资人利益的保障有重大的意义。

因此，有关法规和基金设立文件应对基金估值法作出明确规定，特别是对基金持有的非公开市场交易或无参考价值的证券，应明确其资产净值的计算方法。

2.资产净值的估值原则

我国自1998年投资基金面世以来，其估值原则在很长一段时间里都只是在基金合同中描述，而2001年财政部印发了《证券投资基金会计核算办法》，首次明确了基金的估值原则为以下几方面：

（1）任何上市流通的有价证券，以其估值日在证券市场所挂牌的市价（平均价或收盘价）估值；估值日无交易的，以最近交易日的市价估值。

（2）未上市的股票应区分以下情况处理：

①配股和增发新股，按估值日在证券交易所挂牌的同一股票和市价估值；

②首次公开发行的股票，按成本估值。

（3）配股权证，从配股除权日起到配股确认日止，按市价高于配股价的差额估值；如果市价低于配股价，按配股价估值。

（4）如有确凿证据表明按上述方法进行估值不能客观反映其公允价值，基金管理人应根据具体情况，与基金托管人商定后，按最能反映公允价值的价格估值。

（5）如有新增事项，按国家最新规定估值。

目前，我国所有的封闭式基金均是按照平均价进行估值，开放式基金则是按照收盘价进行估值。

3.资产净值的估价方法

计算基金单位的资产净值，有两种常用的方法：

（1）已知价计算方法。已知价又称事前价，或称历史计价，是指基金管理公司根据上一个交易日的收盘价来计算基金所拥有的金融资产，包括现金、股票、债券、期货合约、期权等的总值，减去其对外负债总值，然后再除以已售出的基金单位总数，得出每个基金单位的资产净值。

（2）未知价计算方法。未知价又称事后价，或称预约计价，是指根据当日证券市场上各种金融资产的收盘价计算的基金资产净值。投资者在收盘进行基金买卖时，是无法确切知道当时收盘价的，因此就叫未知价计算法。在实行这种计算方法时，投资者当天并不知道买卖的基金价格是多少，要在第二天才知道单位基金的价格。而在已知价计算法下，投资者当天就可以知道单位基金的买卖价格，可以及时办理交割手续。采取未知价定价，相对于已知价定价，可以增加基金投资者购买和赎回基金单位的不确定性，从而在股市上涨（下跌）的时候减轻来自投资者的申购（赎回）压力，同时对股市的剧烈波动起到缓和的作用。我国《开放式证券投资基金试点办法》规定，开放式基金的申购赎回价格采取未知价计算法。

（三）基金的交易

1.基金营销方式

基金主要通过两种方式进行营销，一是直接销售方式，二是间接销售方式。在直接交易方式下，基金管理公司通过自行设立的营业网点或电子交易网络，把基金单位销售给投资人。在间接方式下，基金管理公司通过商业银行、证券公司营业网点及保险公司等代理机构，把基金单位销售给投资人。

我国封闭式基金主要采取间接销售方式，开放式基金采取直接交易与间接交易并重的交易方式。

2.认购、申购与赎回

我国《开放式证券投资基金试点办法》规定：申购开放式基金单位的份额和赎回基金单位的金额，依据申购赎回日基金单位资产净值加、减有关费用计算，具体计算方法应当在招募说明书中予以载明。基金单位资产净值，应当按照开放日闭市后基金资产净值除以当日基金单位的余额数量计算。具体计算方法应当在基金合同和招募说明书中予以载明。

因为开放式基金多采取未知价交易方式，所以投资者要按金额进行申购。

（1）认购份额。认购份额的计算要从基金面值、认购费率和认购总金额三个方面考虑计算。一般计算公式为：

$$认购费用 = 认购金额 \times 认购费率 \qquad (3-3)$$

$$净认购金额 = 认购金额 - 认购费用 \qquad (3-4)$$

$$认购份额 = 净认购金额 \div 基金单位面值 \qquad (3-5)$$

目前，我国开放式基金在发行时，基金单位面值以现金计算为1元。认购金额以人民币元为单位，包括认购费用和净认购金额。其中，认购费用采取四舍五入法，即保留小数点后两位数；认购份额四舍五入后取整数，保留到个位数，产生的误差通常计入基金资产。

（2）申购份额的计算。基金购买股票、债券等有价证券后，基金资产会随着股票、债券等的市场价格变化而变化，从而基金净值也发生变化。因此，申购份额的计算便与认购份额的计算有所不同。基金申购份额的计算公式如下：

$$申购费用=申购金额×申购费率 \quad (3-6)$$

$$净申购金额=申购金额-申购费用 \quad (3-7)$$

$$申购份数=净申购金额÷T日基金单位净值 \quad (3-8)$$

申购费用以人民币元为单位，采取四舍五入法，保留小数点后两位；基金单位净值以人民币元为单位，四舍五入，保留小数点后三位；申购份数四舍五入取整数，保留个位数，产生的误差计入基金资产。

（3）赎回金额的计算。基金持有人赎回基金单位时，采取未知价法，先以份额赎回，然后换算成基金金额。赎回支付金额为基金的赎回金额减去赎回费用，其计算公式如下：

$$赎回金额=赎回份数×T日基金单位净值 \quad (3-9)$$

$$赎回费用=赎回金额×赎回费率 \quad (3-10)$$

$$赎回支付金额=赎回金额-赎回费用 \quad (3-11)$$

基金单位价值以人民币元为单位，四舍五入，保留小数点后三到四位；赎回费用与赎回支付金额以人民币元为单位，四舍五入，保留到小数点后两到三位。

3.基金开放日

开放式基金的开放日，是指基金对外接受投资者的申购赎回的日期。每月有较多的开放日代表较高的交易频率，可以减少套利的可能，并增加开放式基金的流动性，从而有利于促进对投资者的服务，对投资者的利益较为有利。而每月有较少的开放日则代表较低的交易频率，在技术上延长了投资者赎回的时间间隔，有利于基金管理人更好地管理流动性，同时可以减少交易成本。

不同国家或地区对开放式基金开放日的规定不同。例如美国，每个工作日都可以办理开放式基金交易。我国香港特别行政区规定，每月最少要有一个定期开放日。

在我国目前处于开放式基金的试点阶段的情况下，基金交易不宜过于频繁。随着基金规模的扩大和技术设施逐步完善,可提高交易频率。我国《开放式证券投资基金试点办法》规定,开放式基金每周至少有一天应为基金的开放日,办理基金投资人申购、赎回、变更登记、基金之间转换等业务申请。基金开放日期及时间应在基金合同中规定。

五、投资基金的收益分配与清算

投资者持有基金份额,可以定期按持有的基金份额比例取得投资回报,而投资基金进行收益分配的来源是投资收益。由于投资基金由市场专业投资人员管理操作,易于分散风险,所以收益较为稳定。

(一)投资基金收益的组成

从世界范围来看,基金的种类很多,由于各种基金在投资对象、投资策略和投资目标上都有所不同,从而其投资收益的组成也不相同。鉴于我国规定证券投资基金不得投资于房地产等实业,基金投资于实业所获得的利润将不予讨论。以我国为例,投资基金的收益主要可以分为以下四种类型。

1. 利息收入

任何类型的投资基金,其收益中都包含利息收入。封闭式基金保留现金,是为了寻求更好的投资机会或者用于抵御投资风险;而开放式基金保留现金,是为了满足基金持有人赎回基金份额的要求。因此,基金都会将保留的现金存入银行,从而获得存款利息收入。

货币市场基金投资于货币市场工具,其收益主要由利息组成;债券基金投资于短期国库券、中长期国债和公司债券,其收益也主要是债券的利息。一般来说,凡是低风险型的投资基金,其收益的主要来源都是其利息收入。

2. 红利和股息收入

股票基金一般是以上市公司发行的在二级市场上交易的股票为主要投资对象的基金。投资对象进行基金买入并持有上市公司的股票,就是该上市公司的股东,有权分得公司派发的普通股红利和优先股股息,从而获得红利或股息收入。

世界各国比较成熟的股票市场通常都要求业绩优秀的上市公司必须派发红利。我国的实际情况是,由于尚没有类似的规定,有很多业绩相当优秀的上市公司虽然累积了相当数量的税后利润，但却不分配。从理论上讲，红利的支付通常可以采取三种形式，即现金、股票和实物，或者是它们的组合。一般来说，红利的支付采取的是派发现金形式，包括我国在内的很多国家都规定只能用派发现金的形式支付红利。无论是派发现金，还是派发股票，都形成基金的收益，从而使投资者受益。

3.资本利得

资本利得是指股票或者其他有价证券因卖出价高于买入价而获得的差价收入。资本利得是股票基金收益最主要的来源。

基金所获得的资本利得可以分为两类，即已实现的资本利得和未实现的资本利得。

已实现的资本利得是指基金管理人逢低买入某种股票，然后又逢高卖出，从而获得的货币资金的增长。

未实现的资本利得是指基金管理人买入某种股票后，虽然股票价格上升，但基金管理人继续持有而并未卖出股票，这时基金所能获得的是投资该股票的账面收入。对于投资者来说，虽然这种账面收入并未实现，但它会引起基金净资产的增加，并且会在投资者卖出基金股份或赎回股份时，在卖出价上得以体现。

因此，无论是已实现的资本利得，还是未实现的资本利得，都能使投资者受益。

4.资本增值

投资者投资于基金，通常是按照一定的市场价格（即投资者购买基金的成本）买入一定数量的基金股份。基金的市场价格是以基金净资产为基础的，而基金的净资产会随着基金的运作情况发生变动。如果投资者在低价位买入基金股份，然后在高价位卖出或赎回，就可以获得资本增值收入。

这里的资本增值与资本利得是不同的。资本利得是由基金管理人通过"逢低买入、逢高卖出"而获取差价得到的，能获得多少的资本利得取决于基金管理人的投资决策是否得当。而资本增值是相对于投资者而言的。投资者如果能在基金价格低位买入，然后在基金价格高位卖出，就可以获得资本增值；否则，就可能遭受资本损失。

（二）基金收益的分配

投资者投资于基金，目的是在降低风险的前提下实现资产的保值和增值。理性的基金投资者最关心的就是基金的投资回报及基金的长期成长性等问题。为了保障基金投资者的利益，各国或地区对基金的收益分配都作出明确而细致的规定，通常包括基金收益分配的内容、收益分配的对象、收益分配的比例和频率、收益分配的方式，以及投资收益分配的支付方式等。

1.收益分配的内容

基金收益分配的内容是指基金当年获得的全部收益扣除按照有关规定应扣除的费用后的余额，即基金当年的净收益。这里所说的费用，一般包括基金管理费、基金托管费、注册会计师和律师的中介服务费，以及基金设立时的开办费等。如果基金以前年度有亏损，则当年的净收益应在弥补相应的亏损后，若还有余额，才能进行当年的分配；如果基金当年净亏损，则原则上不进行收益分配。

2.收益分配的对象

基金收益分配的对象是指在特定时日持有基金股份的投资者。基金管理人通常会规定获取基金收益分配权的最后股权登记日，在该登记日当天交易结束后，持有基金股份的所有投资者有权获得基金的收益分配。基金管理人会委托证券公司打印基金股份持有者名单，以明确收益分配的对象。

3.收益分配的比例和频率

各种基金通常在不违反法律法规的前提下，在基金合同中规定各自不同的收益分配的比例和频率。从实际操作上看，出于保护投资者利益的目的，各国所规定的基金收益分配的比例都比较高。我国《证券投资基金管理暂行办法》明确规定，基金收益分配的比例不得低于基金净收益的90%，还规定基金收益分配应当每年至少一次，但在《中华人民共和国证券投资基金法》中，未见关于收益分配的比例和频率的详细规定。

4.收益分配的方式

基金收益分配一般采取三种方式，即分派现金、分派基金股份和不分配。分派现金是基金分配最常见的一种方式，是指将基金的净收益以派发现金的形式按总股份进行平均分配，投资者根据持有的股份数享受现金分红。

分派基金股份是指将应分配的净收益折成等额的新的基金股份送给投资者，这种方式类似于通常所说的"送股"，但实际上是增加了基金的资本总额和规模。不分配就是既不分派现金，又不分派基金股份，而是将净收益进行再投资。

我国《证券投资基金管理暂行办法》明确规定，基金收益分配只能采取分派现金的方式。与收益分配的比例和频率一样，在《中华人民共和国证券投资基金法》中未见关于收益分配方式的详细规定。

5.收益分配的支付方式

收益分配的支付方式是指投资者通过何种程序来领取属于他的那部分收益。我国基金分派现金通常是借助于证券清算系统，将应分派的现金数额直接记录到基金所有者的资金账户上。基金所有者通过交易终端查询，就可以了解到是否已经获得现金分红及分红的数额。

（三）基金的终止

基金的终止是指基金因各种原因不再经营运作，并且清算解散。基金在存续期满后，要终止并清算。证券投资基金的存续期是指基金从成立之日起到结束之日止的整个时期。投资基金的存续期一般为15年，也有短至3年、5年，长到30年的。基金存续期的长短根据基金本身的性质、投资目标和投资战略来决定。我国封闭式基金的存续期一般为15年，开放式基金的存续期设定为不定期。

1.封闭式基金的终止

根据《中华人民共和国证券投资基金法》规定，有下列情形之一的，基金合同终止：

（1）基金合同期限届满而未延期的；

（2）基金份额持有人大会决定终止的；

（3）基金管理人、基金托管人职责终止，在6个月内没有新基金管理人、新基金托管人承接的；

（4）基金合同约定的其他情形。

在基金的招募说明书中，通常都有关于基金终止事项的条款。

2.开放式基金的终止

开放式基金一般不规定自己的存续期，但在某些情况发生时，开放式基金可能作出清盘的决定，并通过清算和分配基金资产结束其存在。从目前的情况看，开放式基金需要清盘的情形主要有如下几种情况：根据基金合同或公司章程的规定；持有人大会或股东大会决议通过；主管机关取消开放式基金许可的情形，等等。

我国对开放式基金的清盘，尚没有明确的法规规定，只是在《开放式证券投资基金试点办法》中规定，在开放式基金成立后的存续期间内，其有效持有人数量在连续20个工作日内达不到100人，或者连续20个工作日最低基金资产净额低于5 000万元的，基金管理人应当及时向中国证监会报告，说明出现上述情况的原因及解决的方案。

（四）基金的清算

基金的清算是指基金终止后，在监管当局的监督下，由清算小组对原投资基金资产的保管、清理、估价、变现和分配，并依法从事必要的民事活动。清算小组包括投资基金发起人、投资基金管理人、投资基金托管人、具有证券从业资格的注册会计师和律师，以及监管当局指定的其他人员。在必要的情况下，清算小组还可聘请其他的相关人员。清算小组进行投资基金清算活动产生的费用称为清算费用，由清算小组从投资基金资产中扣除。

在投资基金清算的整个过程中，清算小组要及时、准确地公告每一个清算步骤，以保护基金相关利益者的利益，特别是中小基金持有人的利益。清算过程结束后，该投资基金便不再存在，只能由指定机构保存投资基金手册及相关文件。

《中华人民共和国证券投资基金法》规定，在基金合同终止时，基金管理人应当组织清算组对基金财产进行清算。清算组由基金管理人、基金托管人及相关的中介服务机构组成。清算组作出的清算报告经会计师事务所审计，律师事务所出具法律意见书后，报国务院证券监督管理机构备案并公告。清算后的剩余基金财产，应当按照基金份额持有人所持份额比例进行分配。

第四章 营运资金管理

第一节 营运资金的概念及特点

营运资金又称营运资本，是指流动资产减去流动负债后的余额。它是企业从事生产经营活动的基础。企业必须持有一定数量的营运资金，一般情况下，企业营运资金越多，举债融资能力就越强、风险越小，而收益率也越低；反之，营运资金越少，风险就越大，而收益率却越高。

一、流动资产的概念及特点

流动资产是指企业可以在一年或者超过一年的一个营业时期内变现或者使用的资产。它在生产经营或者业务活动中参加循环、周转，并不断改变其形态，流动性很大，周转期很短。它的内容包括货币资金，短期投资，应收、预付款项，以及可变现的存货资产，其主要有以下三个特点：

（一）流动性大、周转期短

流动资产的消耗与补偿期限很短，流动性大，可以在一年内或一个生产经营周期内发生作用。例如，工业企业在生产经营过程中分为供应、生产和销售三个阶段，原材料投入产品生产后转为产成品，从而从产品销售收入中得到补偿；商业企业在商品购销活动中分为购买和销售两个阶段，商品储备可以在销售后得到补偿。因此，流动资金的形态多变，消耗和补偿期限很短。

（二）存在资产分布并存性和资金运动继起性

企业的流动资产从货币形态开始，由一种形态转化为另一种形态，最后又回到货币形态，这种过程称为流动资金循环；流动资产周而复始地循环，称为流动资产周转。流动资产不断地循环和周转，保证了企业再生产过程的不断实现。从流动资产运动的整体来看，不同形态的资金在空间上的分布并存于生产经营的各个阶段中，只有多种形态的资产同时并存，并保持一定比例，才能保证企业的再生产过程连续不断地进行。同时，流动资产运动是按照再生产的顺序从一个过程过渡到另一个过程，依次继起地改变流动资产的各种占用形态，彼此相继地、连续地进行转化，从而实现流动资产周转的。流动资产的并存性和继起性是互为条件、互相制约的，两者共同影响流动资产的使用情况。因此，合理配置流动资产各个项目的比例，是流动资产得以顺利周转的前提。

（三）随着资产的周转循环，流动资产不断改变其价值

企业流动资产的占用数量随着产销条件的变化和管理状况的变化随时波动，如果资产周转加速，就能减少流动资产的占用数量；如果企业获得利润，就能增加其价值，从加速周转中增加其收入，取得经济效益。因此，流动资产在各个阶段的流动状况，是企业经营管理水平和经济效益的一个标志。

二、流动负债的概念及特点

流动负债是指在一年（含一年）或者超过一年的一个营业周期内必须偿还的债务，包括短期借款、应付票据、应付及预收账款、预收费用，以及到期的长期借款。

流动负债具有流动性强、成本低和风险大的特点。

（一）流动性强

将流动负债与长期负债相比较，流动负债的融资时间短、手续简便。例如，将短期借款与长期借款相比，短期借款的申请手续简便、偿还时间短、借款条款限制少。

（二）成本低

短期负债筹资所发生的利息要低于长期负债融资，筹资成本低。例如，有些应付款

项及预收款项的利息支出少，有些应付税金及应计费用甚至没有利息负担。

（三）风险大

一般来说，短期负债的风险大于长期负债。主要是因为短期负债的借款利率随市场变化而时高时低，长期负债的借款利率则相对稳定，而且短期负债的还款期短，如果债务到期时间比较集中，一时筹措大量的还款也会给企业增加困难，甚至导致企业因无法偿还债务而破产。

第二节 货币资金管理

一、货币资金管理的内容

货币资金管理也称现金管理，货币资金是指企业在生产经营活动中停留在货币形态的资产，包括现金、银行存款和在途货币资金等其他货币资产，它们是流动资金中最活跃的项目，也是最必需的项目。但货币资金结余过多，会降低企业的收益水平；结余过少，则会影响企业的正常交易，甚至有存在中断业务的风险。因此，进行货币资金管理的目的应是既要力求保证企业业务的需要、降低风险，又要防止企业有过多的闲置现金、防止浪费。货币资金管理的内容包括三个方面：一是编制现金预算；二是建立最佳现金余额；三是加强现金预算控制。这三个内容均包括各种货币资金。

二、编制现金预算

（一）编制现金预算的作用

第一，可以通过编制现金预算，事先掌握企业现金流动的信息，搞好资金调度，最大限度地提高资金的使用效率，使企业资金运动健康地进行。

第二，可以通过对现金预算执行情况的检查和考核，事先获悉企业是否潜在现金短缺的风险，以便与有关部门共同采取防范措施，化解潜在的风险，将事后监督转化为事前监督，将被动应付改变为主动防范。

第三，可以通过对现金预算的分析检查，发现企业资金的潜力所在，企业可以考虑是否有潜力扩大经营规模，是否有足够现金支付利息和股利，是否有力量清偿到期债务，以便为企业决策提供依据。

（二）编制现金预算表的方法

现金预算是财务预算的重要部分，它是与其他预算紧密联系的。编制现金预算表是现金预算的必要内容，它是企业控制货币资金收支、组织财务活动、平衡调度资金的直接依据。

1.现金预算表的结构及内容

现金预算表所指的现金一般包括现金及现金等价物。其中，现金是指企业库存现金及可以随时用于交付的银行存款和其他货币资金；现金等价物是指企业持有的期限短、流动性强、易于转换为已知金额现金、价值变动风险很小的投资，例如，从购买日起3个月内到期的可以在市场流通的短期债券投资等。凡是不能随时支付的定期存款和长期性投资均不能作为现金。企业的现金流量是指某一时期内现金流入、流出的数量，现金流量表的结构包括基本报表和补充资料两部分。

基本报表的内容有五项：一是企业经营活动所产生的现金流量，主要包括销售商品、提供劳务、购买商品、支付工资、交纳税款等；二是企业投资活动产生的现金流量，主要包括取得投资和收回投资，购建、处置固定资产、无形资产和其他长期资产等；三是企业筹资活动产生的现金流量，主要包括吸收投资、发行股票、分配利润和借入款项等；四是汇率变动对现金的影响；五是现金及现金等价物净增加额。

补充资料有三项：一是将净利润调节为经营活动产生的现金流量；二是不涉及现金收支的投资和筹资活动；三是现金及现金等价物净增加情况。

基本报表与补充资料两者的关系如下：

（1）基本报表第一项经营活动产生的现金流量净额与补充资料第一项经营活动产生的现金流量净额，应当核对相符。

（2）基本报表中的第五项与补充资料中的第三项存在钩稽关系，金额应当一致。

（3）基本报表中的数字是现金流入与现金流出的差额，补充资料中的数字是现金与现金等价物期末数与期初数的差额，其计算依据不同，但结果应当一致，两者应核对相符。

2.现金预算表的编制方法

现金预算表的编制方法有直接法和间接法两种。

第一种方法——直接法：

直接法也称现金收支法，是直接根据预算期影响企业现金的收支，逐项预测各项现金的收入和支出数额，平衡财务收支的一种方法。编制基本报表采取直接法。

现将主要预算项目编制方法简述如下：

（1）经营活动产生的现金流量。

①销售商品、提供劳务收到的现金。一般应包括预算期销售商品或提供劳务所收到的现金收入（包括增值税销项税额）；当期收到前期销售商品、提供劳务的应收账款或应收票据；预算期的预收账款、因销货退回而支付的现金或收回前期核销的坏账损失，以及预算期收到的货款和应收、应付账款。

②收到的税费返还。它包括预算期收到的增值税、消费税、营业税、所得税、关税和教育费附加的返还等。

③收到的其他与经营活动有关活动的现金。它反映企业除了上述各项以外的、预计收到的其他与经营活动有关的现金流入。

④购买商品、接受劳务支付的现金。一般包括预算期购买商品、接受劳务支付的现金；预算期支付前期的购货应付账款或应付票据（均包括增值税款进项税额）；预计应预付的账款，以及购货退回所收到的现金。

⑤支付给职工及为职工支付的现金。它包括预算期内实际支付给职工的工资、奖金、各种津贴和补贴等，以及经营人员的养老金、保险金和其他各项支出。

⑥支付的各种税费。它反映企业按规定支付的各项税费，包括预算期内发生并支付的税费，以及预计支付以前各期发生的税费和预交的税金。

⑦支付的其他与经营活动有关活动的现金。它反映企业除了上述各项以外的其他与经营活动有关的现金流出。

（2）投资活动产生的现金流量。

①收回投资所收到的现金。它反映企业出售转让或到期收回除现金等价物以外的短期投资、长期股权投资而收到的现金，以及收回长期债权投资本金而收到的现金，按实际收回的投资额填列。

②取得投资收益所收到的现金。它反映企业因股权性投资和债权性投资而取得的现金股利、利息，以及从子公司、联营企业或合营企业分回利润而收到的现金。到期收回的本金应在"收回投资所收到的现金"项目中反映。

③处置固定资产、无形资产和其他长期资产而收到的现金净额。它反映企业为处置这些资产所取得的现金，扣除为处置这些资产而支付的有关费用后的净额。

④收到的其他与投资活动有关的现金。它反映企业除了上述各项以外，收到的其他与投资活动有关的现金流入。

⑤购建固定资产、无形资产和其他长期资产所支付的现金。它包括企业购买、建造固定资产，取得无形资产和其他长期资产所支付的现金，不包括为购建固定资产而发生的借款利息资本化的部分，以及融资租赁租入固定资产所支付的租金和利息。

⑥投资所支付的现金。它反映企业进行权益性投资和债权性投资支付的现金，包括短期股票、短期债券投资、长期股权、债权投资所支付的现金及佣金、手续费等附加的费用。

⑦支付的其他与投资活动有关的现金。它反映企业除上述各项以外，支付的其他与投资活动有关的现金流出。

（3）筹资活动产生的现金流量。

筹资活动是指导致企业资本及债务规模和构成发生变化的活动。

①吸收投资所收到的现金。它反映企业收到的投资者投入的资金，包括发行股票、债券所实际收到的款项净额（发行收入减去支付的佣金等发行费用后的净额）。在一般企业中，发行股票、债券的业务比较少，这里不另举例。

②借款收到的现金。它是指企业举借各种短期、长期借款所收到的现金，根据收入时的实际借款金额计算。企业因借款而发生的利息列入"分配股利、利润或偿付利息所支付的现金"。

③收到的其他与筹资活动有关的现金。这是指企业除上述各项目外，收到的其他与筹资活动有关的现金流入，如接受现金捐赠等。

④偿还债务所支付的现金。它包括归还金融企业借款、偿付企业到期的债券等，按当期实际支付的偿债金额填列。

⑤分配股利、利润或偿付利息所支付的现金。这是指企业实际支付的现金股利和付给其他投资单位的利润，以及支付的债券利息、借款利息等。

⑥支付其他与筹资活动有关的现金。这是指企业除上述各项外，支付的其他与筹资

活动有关的现金流出，例如捐赠现金支出及融资租入固定资产所支付的租赁费等。

（4）汇率变动对现金的影响。

这是指当企业的外币现金流量及境外子公司的现金流量折算为人民币时，所采用的现金流量发生日的汇率或平均汇率折算的人民币金额与"现金及现金等价物净增加额"中外币现金净增加额按期末汇率折算的人民币金额之间的差额。

（5）现金及现金等价物净增加额。

这是指经营活动产生的现金流量净额、投资活动产生的现金流量净额、筹资活动产生的现金流量净额三项之和。

直接法所编制的预算能直接与现金的收支情况进行比较，使闲置的现金余额减少到合理的程度，并便于控制和分析现金预算的执行情况，其主要缺点是工作量比较大。

第二种方法——间接法：

间接法也称净利润调整法，是先把预计利润数调整为现金的收支，然后加减其他财务活动影响货币收支的数额来编制现金预算，一般步骤为：

（1）先把预计的税后净利润调整成为按现金收付制计算的税后净利润。

（2）按现金收付制计算的税后净利润加上与损益计算无关的货币资金收入，减去与损益无关的货币资金支出，调整成为预算期内现金的增减额，其主要内容有如下方面：

①不需用现金支付的经营活动费用，例如计提资产减值准备、固定资产折旧、无形资产摊销、待摊费用减少和预提费用增加等；

②债权债务的增减变动，包括经营性应收款项目的减少和应付款项目的增加等；

③存货的减少；

④影响净利润的投资筹资活动支出，包括处置固定资产、无形资产和其他长期资产的损失，固定资产报废，财务费用，投资损失等；

⑤因投资筹资活动而产生的现金流量，包括对外投资收回投资、购建和处置固定资产、无形资产和其他长期资产所收回的净额，吸收投资，借入款项，偿还债务，分配股利等。

间接法展示净收益与货币资金流量之间的关系，方法比较简单，但不能揭示预算期内销售收入和支出的数额，不利于对资金项目的预算控制。

（三）最佳现金余额

最佳现金余额是指企业所持有的现金数额是最为有利的数额，即成本最低时的最佳货币持有量，这是控制现金定额的一个重要内容。

1.确定最佳现金余额的因素

确定最佳现金余额需要考虑的因素主要包括：一是机会成本；二是管理成本；三是短缺成本；四是转换成本。

（1）机会成本。机会成本也称投资成本，是指企业因保存一定现金存量，以放弃其他投资形式为代价，而丧失的收益。这种丧失的收益即企业持有现金的机会成本。机会成本通常以投资报酬率来表示，也可以有价证券的利率或资金成本率来表示。企业的现金余额越多，机会成本就越大；反之，现金余额越少，机会成本就越小。因此，企业尽量不要占用过多的现金。

（2）管理成本。管理成本是指对企业所置存的现金进行管理而发生的费用。例如，管理人员工资、安全措施费及其相应设备等。管理费用在一定范围内，通常是一种固定成本，与现金余额多少无直接关系。

（3）短缺成本。短缺成本是指企业因缺少必要的现金，不能应付业务开支所需，而使企业蒙受损失或为此所付出的代价。例如，企业因缺少现金不能及时购买材料物资，致使生产中断造成的停工损失等。

（4）转换成本。转换成本是指企业因买卖有价证券而发生的交易费用，是现金与有价证券之间相互转换的成本。例如，委托买卖股票的佣金、印花税、过户费和委托转让债券的费用。企业的现金持有量越多，有价证券变现的次数就少，转换成本也就小；反之则大。

2.确定最佳现金余额的方法

确定最佳现金余额的方法，主要有成本分析模式、存货模式和随机模式三种。

（1）成本分析模式。成本分析模式是通过分析现金持有成本，来分析、确定其总成本最低的现金余额的一种方法。持有成本包括机会成本、管理成本和短缺成本。机会成本与现金余额成正比，短缺成本与现金余额成反比，管理成本是固定的成本。

（2）存货模式。存货模式是根据存货经济批量模式的基本原理，将现金的机会成本与有价证券的转换成本进行衡量，以确定企业最佳现金余额的一种方法。

在存货模式中，假设收入是每隔一段时间发生的，而支出则是在一个时期内均匀发生的。此时，假设获得现金的方法是通过销售有价证券来实现的，于是就会发生两个方面的成本：一是持有现金所放弃的报酬，也就是持有现金的机会成本，通常为有价证券的利息率，假设它与现金余额成正比；二是现金与有价证券转移的固定成本，如经纪人费用等交易成本。假设这种成本只与交易的次数有关，而与持有现金的金额无关，在这种情况下，现金余额越大，持有现金的成本越高，而转换成本减少，如果持有现金的余额很小，则持有现金的机会成本降低，而转换成本上升。计算的目的就是要参考存货经济批量模型，找出两种成本最低的现金余额。

最低现金余额是根据现金的持有成本和转换成本的变化关系分析求得的。企业在现金不足时，就要将一部分有价证券变为现金，这时必须丧失这部分资金的投资收益，即增加持有成本；如果要减少现金置存量，则必然要增加有价证券的变现次数，因而增加转换成本，两者正好是相反的方向。要达到转换成本和持有成本最低，就可以通过存货经济批量分析模型，计算最佳的现金金额。

（3）随机模式。随机模式是指根据随机现象的各种数据，运用概率和数理统计方法，确定最佳现金持有量的一种方法。这种模式主要是解决企业在未来现金需要量不明确的条件下的现金管理问题。

运用随机模式，要假定企业的现金余额在一个期间内呈现不规则波动，根据历史资料，来规定现金控制的范围，确定现金余额的上限和下限。

（四）现金预算的控制和检查

现金预算的贯彻和执行必须依靠日常的现金控制和定期的预算检查，预算控制和预算检查的内容大致包括四个方面：一是管理责任的控制；二是政策执行的控制；三是现金安全的控制；四是执行情况的检查。

1.管理责任的控制

现金收支预算来源于各有关部门，依靠有关部门共同执行，必须实行现金收支指标分管责任制，将企业收支指标分解落实到各部门，确定有关部门的经济责任。各部门应认真执行预算，认真遵守法律和制度，认真节约支出，并参与检查和分析。

2.政策执行的控制

各有关部门及财务部门必须严格遵守现金管理制度和银行结算办法，严格遵守现金收支的规定，遵守结算纪律；不得弄虚作假，逃避国家的管理，损害国家、社会及投资人的利益。

3. 现金安全的控制

实行钱账分管，明确责任；严格遵守现金收支规定，不得滥用现金；坚持查库制度，每天核对库存现金，每月核对银行存款，保证账账相符、账实相符。

4. 执行情况的检查

对现金预算情况要进行检查，检查内容主要包括核算资料的真实性、结存数量的合理性、收支项目的合法性和支出项目的节约性。有关部门应按时上报收支预算的执行情况，找出问题，提出改进意见。财务部门应进行汇总检查、分析，提出报告，对重大问题，特别是风险性问题应专题报请领导研究解决，有变动时应对预算进行修改。

在市场经济条件下，客观经济条件不断变化，企业的理财政策也随着形势而发生变化，所以企业的实际现金流转不可能与预算完全相同。实际上，企业编制现金预算并不要求把预算转变为现实，而在于及时发现实际情况与原来意图的差异，以便找出原因，在业务和财务上进行适当安排，以免企业遭受损失。因此，企业随时调整现金预算是十分必要的。这种调整需要使用预算的对比资料，主要是现金收支日报、现金收支月报，以及各部门预算执行情况的详细报告。

现金收支日报是一张简要的收入、支出和结存数据的报表，它是企业领导必须掌握的资料，可帮助领导对多余资金运用和短缺资金筹措作出决策。

现金收支月报内容比较复杂，它包括当月数和累计数，并包括重要项目，找出预算与实际的差异，便于找出原因或进行重点调查，但这也只是提供一种信号，来作为调查的方向。

各部门预算执行报告也称控制报告或业绩报告，它是报告实际业绩与下达指标的差异，作为对管理人员进行考核的一种方式。

（五）现金的日常管理

为了保证企业对现金的控制，企业应做好现金的日常管理，主要包括以下三个方面：

（1）做好库存现金的日常管理，按我国《现金管理暂行条例》的规定，在规定范围内使用现金，按核定的库存现金限额保存现金，并实行出纳人员内部牵制制度和库存现金的盘点、复核制度。

（2）按照银行《支付结算办法》的相关规定，做好银行结算工作，保证资金结算及时，账目核对清楚，加快账款回收，提高资金利用效果。

（3）做好银行存款的管理，既要保证企业生产流通资金的需要，又要防止资金积压过多造成资金闲置。

第三节 应收账款管理

在市场销售中，顾客可以使用现金支付货款，也可以使用信用支付货款，使用信用支付货款对于销售商来说就形成了所谓的应收账款。信用支付，一方面，可以增大企业在市场中的竞争力；另一方面，可以增大产品在市场中的占有份额和销售份额，以增加企业的利润额。所以，企业在市场销售中通常会采取应收账款这种信用手段及营销策略。然而，虽然应收账款属于企业资产的范畴，应收账款的增加表面上看是企业的资产增加了，但当企业的应收账款达到一定数目时，一方面会影响企业资金周转灵动性，另一方面还会影响到企业的利润，所以应收账款管理是很多企业面临的重要问题之一。

一、应收账款的含义及形成原因

（一）应收账款的含义

应收账款是指企业在生产销售过程中，发生商品销售及提供劳务等服务时，顾客没有采取现金支付方式，而是采取信用支付的方式，因此产生的是应收款项。它会因增加销售量而增加利润，但如果账款不能及时、完整地收回，不但不能增加企业的利润，反而会降低企业的利润。

（二）应收账款的形成原因

在应收账款的影响因素中，市场竞争占有主导地位。现在是经济快速发展的时代，竞争无所不在，在同样质量的条件下，购买者会比较价格，在同样价格的条件下，购买者会比较质量，对于同一种类型的商品，市场上会有许多不同的质量、价格及服务。然而，企业想依靠产品的质量和价格在市场中站稳脚跟是很不容易的。因此，越来越多的企业采取赊销的手段，这样就可以招揽更多客户，扩大销售，增加销售额。但由赊销产生的应收账款管理成本也是不可忽视的，其在一定程度上会影响企业的经济效益。

很多企业没有明确的管理应收账款的规章制度，或者即使有相关的规章制度，实际上也形同虚设。业务部门经常不及时与财政部门核对应收账款，导致销售脱离了清算，隐患不能及时暴露出来。对于应收账款数目较高的企业，当应收账款不能及时收回时，就会发生长期挂账的现象，影响企业的财务状况。

二、应收账款管理方法

（一）选取资信状况较好的销售客户

影响应收账款回收的主要因素之一是客户的资金和信用状况。假设客户的财务状况比较好，而且一直遵守信用，那么应收账款收回的工作就简单得多。相反，如果客户的财务状况不好，并且信用程度也不高，那么应收账款的收回就会遇到很多麻烦。由此可见，在条件允许的情况下，企业应该加强对销售客户资信状况的考察及分析。

（二）制定合理的信用政策

为保障良好的经济效益，企业应当对客户的基本情况进行了解，根据客户的经营情况、负债情况、偿还能力及其信用质量，来制定合理的信用政策，也就是要根据信用的五大标准，即信用品质、偿还能力、资本、抵押品和条件，来综合评价客户的信用状况，建立合理的信用政策。

（三）加强应收账款管理

产生的应收账款长期不能收回就成了坏账，会影响企业的实际利润。因此，当应收账款产生时，企业要增强对其的控制，尽量将其会产生的成本控制在企业可接受的范围内。收账政策是企业在应对如何及时收回应收账款时制定的相关政策。企业可以采取现金折扣等方式收回账款，对于长期无法收回的应收账款，可以将应收账款改为与应收账款相比具有追索权的应收票据。这样，就可以在一定程度上减少坏账的损失，在必要时，也可采取法律手段保护自己的合法利益。

三、应收账款日常管理存在的问题及成因分析

（一）信用标准不合理

很多企业为了在短时间内增加销售额，在还没有对购买方的信用状况进行调查和了解，还不清楚货款是否能够及时收回的情况下，就对购买方销售了货物。同时，在采取赊销时，企业没有将自身的资金周转速度和财务状况作为制定现金折扣、信用期限等信用政策的一个重要参考，而是迁就购买方的情况和要求制定了优惠政策。

当购买方没有在预定的信用期限内偿还所欠货款时，企业会先给客户打电话或发电子邮件催收欠款，但这样做一般都没有效果，企业仍然无法收回欠款。然后，企业会派人去客户那催收欠款，但多数人员在催收过程中遇到困难就会放弃催款，时间长了，会导致有很多应收账款一直挂在账上。一方面，会对企业资金的调配有所干扰；另一方面，随着时间的流逝，应收账款可能就成了坏账。

（二）企业内部控制存在的问题

在很多企业中，内部控制制度不完善是很常见的问题。内部控制不完善对应收账款的管理很不利，在产生应收账款后，企业要及时催收账款，出现应收账款不能及时收回时要通知财务部门，财务人员要做好相关的财务处理，将其计入坏账损失，来冲减当年利润，尽量降低对企业财务状况的影响。在应收账款发生后，企业要及时地收回，对于不能及时收回的应收账款，要记入坏账损失，以冲减当年利润。但由于内部控制制度的不完善，再加上一些财务人员的实践能力不强，致使企业应收账款的收回能力有限。随着时间的推移，发生坏账的可能性也在跟着应收账款数量的增加而越来越大。这样，企业的经济效益就会受到很大的影响。

大多数企业员工的工资绩效往往与销售量成正比，却没有与应收账款的收回程度挂钩。在这种情况下，销售人员会为了业绩，会采取先发货后收款的方法，反而不太关心应收账款的收回情况。对于销售发生的应收账款，若没有专门的人员去催收和管理，只会导致还款期越拖越长，严重影响企业的财务状况。

（三）责任划分不明确

在企业里，每个部门的每个员工都有自己的工作，没有人会主动去管理应收账款，往往会等到应账款数目较大时才去管理，但这又会造成前清后欠的状况。虽然应收账款是销售人员的工作产生的，即使企业规定销售部门承担收款责任，但由于销售人员的强项是销售而不是收款，所以对于收款工作，也不会进行得很顺利。

（四）企业防范风险意识薄弱

企业采取先发货后付款的模式，可能会减少企业的经济效益。一方面，企业缺少对购买方信用的考察和了解，并不能保证购买方会按约定的时间及时付款，也没有对购买方的资产状况进行准确评估，购买方是否有能力付款或者及时付款都是未知数；另一方面，企业没有对自身的财务状态进行评估，没有去权衡如果应收账款不能及时收回时，企业有没有能力去承担这个风险。

四、完善企业应收账款管理的建议

（一）加强技术创新，提高产品质量

一个企业想要在竞争中脱颖而出并且站稳脚跟，就需要不断改革创新，提高产品质量，顺应时代潮流。这就要求企业对市场进行深入调查，全面了解客户需要的是什么，同时优化内部体系，加大对技术创新的投入，激发员工的创新思维，提高产品质量，生产顺应时代潮流的产品，提高企业的核心竞争力。当然，企业也要与时俱进，了解国内国外同类产品的质量，要以优质为标准，坚决做到在质量上不输于其他企业，并做好相关的售后服务工作。

（二）制定较合理的信用政策

无论是单笔的赊销，还是多笔的赊销，企业在其发生之前，就要对企业的财务状态进行评估，要明确企业能够承担多大的由应收账款带来的风险，而不是迁就购买方而制定不利于自己的信用政策。

1. 成立资信调查管理部门

由于企业各部门都是各司其职，所以企业应当成立一个资信调查管理部门，专门对购买方的信用情况进行了解，该部门的工作人员要独立于销售部门，这样就可有效避免销售人员为了扩大销售量而对购买方的信用标准的迁就。资信调查管理部门工作人员，一方面，要进行购买方信用的摸排，查清其信用情况，确保购买方能及时付款；另一方面，也要时刻关注购买方的资产财务状况，确保在约定时间内购买方有能力付款。如果发现购买方信用或者财务出现状况，要在第一时间通知销售人员，对其中断供货，要求销售人员尽快去收回购买方的前欠货款，防止应收账款的累积。

2. 加强购买方资信的管理

购买方的资信是应收账款是否及时收回的保证，企业设立的资信管理部门要对购买方的信用五大标准（信用品质、偿还能力、资本、抵押品和条件）进行全面了解。信用品质是购买方的信誉程度，也就是购买方会支付其应收账款的可能性；偿还能力是购买方所具有的偿还应收账款的能力；资本是一种背景，这种背景是指购买方的财务状况和购买方能否偿还应收账款；抵押品是指购买方用于支付企业应收账款所用的抵押物或者无法支付企业应收账款时用其抵押的资产；条件是一种会影响购买方支付企业应收账款能力的经济环境。

（三）完善企业公司内部控制制度

1. 加强购销合同管理

企业在进行商品销售时，要由专门人员与购买方依法签订合同，企业的专门人员要有企业的授权。合同上要有准确的交易明细。若不是以现金支付，要在合同上约定好付款的日期，写清不能及时付清款项时应责任的承担，以及注明超过一定期限后要走的法律程序。

2. 明确业务考核情况

对于销售人员的考核，不能只看其销售额，而是要将销售额与收款额相结合，并要求谁销售产品产生的应收账款，就由来谁负责催收这个款项，销售人员定期与财务人员核对应收账款的收回情况，制订合理的催收欠款计划。当发现应收账款很难收回时，销售人员要及时告知财务部门，财务部门做好坏账损失处理，尽量降低企业的经济损失。

（四）加强应收账款信息化管理，完善坏账准备制度

应收账款管理系统的主要任务是管理客户的购销情况、开出的发票和收账过程等。现在，一些企业的经营范围较大，在销售产品时，不仅有零售，而且有批发。完善的应收账款管理系统可以给业务量大的企业提供很大的方便和保障，因此企业应当根据自身情况购买或者开发一套与自身应收账款管理情况相符的系统。在购买或者开发前，要事先与应收账款管理人员进行沟通，充分、全面了解企业应收账款管理的情况，确定符合企业应收账款管理状况的系统。这样，不仅可以减少企业在应收账款的管理上付出的成本，在很大程度上也会降低企业坏账的发生。

（五）合理采取法律手段，保护企业的权益

大多数企业为了维持与客户的关系，催收款的力度并不大，导致很多客户对欠款一拖再拖。当企业发现应收账款不容易收回时，可以适当采取强制手段，例如法律手段。在最佳诉讼期内，尽快使用法律手段来保护自己的合法权益，降低企业在应收账款不能及时收回的情况下对企业财务状况造成的负面影响。

第四节 存货管理

一、存货管理存在的问题

（一）存货核算计量缺乏准确性

存货在企业的流动资产中占据很大的比重，贯穿于企业的供产销三个阶段。它的计量的准确性与真实性，对企业的财务报表与经营成果有很大影响，准确、真实地对存货进行计量是至关重要的。但企业的存货管理往往存在着核算计量不准确、缺乏真实性的问题，导致企业不能对自身的各项指标进行行之有效的分析，以及信息使用者不能进行

行之有效的投资决策。

（二）存货日常资金占用量过大

有些企业为了避免因缺货而不能满足顾客的需求量，或者错失了交货时间而造成的损失，以及市场和利率变动所带来的风险，往往忽视了存货的资金占用情况和成本。企业为了保证生产不会因缺货而中断，对相关货物进行大量储备，使得日常资金被大量占用。这就导致企业往往忽视存货的管理及存货占用资金量的多少，逐渐造成企业存货占用资金量过大的局面。

（三）存货采购计划不合理

在采购过程中，最薄弱的环节就是制订采购计划，制订科学、合理的采购计划是企业经营非常关键的环节之一。有些企业在存货采购方面缺乏缜密、合理的采购计划，领导者们往往凭借感觉或者根据自己的经验来判断是否需要进行存货采购，以及确定存货采购量的多少和采购时间，而不是根据实际需要进行申报采购，没有考虑到是否适应市场环境的变化，使得主观因素大于客观因素，从而影响了采购存货的科学性。

（四）存货管理制度不健全

1.存货验收、发出和储存保管制度不健全

虽然企业已经建立了一定的存货管理制度，但在实际生产经营过程中，这些规章制度很难被遵守执行。例如企业建立的存货验收制度、发出制度和储存保管制度，这些制度都规定了如何对存货进行管理，但真正执行起来却出了问题。

有些企业在验收入库环节，由于没有及时对采购回来的原材料等物资进行验收，出现问题后影响了企业的生产。在存货发出阶段，发出存货的计价方法选择不合理，没有遵循一贯性的原则。在仓库储存保管环节，由于仓库管理人员往往是在数量上进行看管，防止货物被盗和丢失，而在质量方面是否存在问题就很难察觉，等到货物出现质量问题后才向相关部门进行汇报，而此时对企业来说，已经造成了一定的损失。

2.存货内部控制制度不健全

一些企业的内部控制过于薄弱，岗位责任制不明确，监督检查不到位。一些企业的企业存货采购、验收入库工作往往是由同一个人完成的，材料采购价格是与供应商直接

协商的，没有设立价格联审委员会，也没有其他人的监管与制衡，缺少权限之间的制约，使得一些人员为了获取更多的个人利益而徇私舞弊，损害了企业的利益。

二、存货管理存在问题的原因分析

（一）管理信息技术水平落后

现阶段，有些企业的存货管理模式还比较传统，其信息技术水平相对落后，没有实现信息化的系统管理，也未完全实现电算化管理。传统的存货管理模式大大降低了企业对存货进行管理的效率，同时也增加了企业的管理成本。企业大多数采取手工记录的方式，未能严格按照会计核算制度进行核算，使得大量的信息不能及时、准确地被使用，企业存货的情况不能真实地反映出来，企业生产管理方式的要求不能被满足，企业所使用的计价方法不统一。同时，由于存在大量的人为因素，会影响企业的工作效率，降低了会计核算的准确性、及时性和真实性，进而影响了企业的生产经营效益。

（二）存货积压过多带来的负面影响

企业为了避免由于存货储备不足而造成的生产经营不能正常进行、延误交货时间等情况的发生，就会事先进行大量采购，增大企业的存货储备量，从而导致存货积压。目前，仍然有许多企业仅把存货作为企业的资产，对存货变现能力的认识比较浅薄，如果企业持有的存货量过多，存货在储存过程中发生的仓储费、搬运费、保险费、占用资金支付的利息费等储存成本就会上升，使得企业付出更多的成本，当企业的资金被存货大量占用时，企业的财务风险就可能增加，这些最终都增加了企业存货管理的成本和存货占用的资金量，降低了企业的资金周转率和经济效益。

（三）对存货管理的重视程度不够

有些企业的管理者认为存货管理仅仅是对存货进行保管，不能给企业创造价值，很难认识到存货管理的重要性，往往特别关注企业的生产、销售等环节，把它们看作重中之重，这就会导致企业在存货管理方面的人力、物力等资源分配的不合理，存货管理内部控制与监督机制的效力大大减弱，进而加大了存货管理的混乱性，以及存货管理过程中徇私舞弊的可能性，最终增加企业的损失。

（四）缺乏信息资源共享与沟通

企业的各个部门都是相互关联的，就像是一张密不可分的网，包含的信息被共同分享。但有些企业通过人工的方式来传递这些收集和交换得来的信息，会使得这些信息不能够及时、准确地被共享。由于企业各部门之间缺乏沟通，每个部门对存货的数量要求是不一样的，而且它们为了实现各自利益最大化的目标，就可能会产生一些冲突，造成企业不能准确、合理地对存货量进行调整，同时也增加了存货管理的成本。

三、解决存货管理存在问题的建议

（一）确保存货核算计量的准确性

对存货进行准确核算与计量，是企业做好存货管理的重要环节。为了提高存货核算计量的准确性及存货管理的效率，一方面，企业要严格按照《企业会计准则》的要求，对存货进行核算与计量；另一方面，企业需要不断地提高信息技术水平，建立健全信息管理系统，运用先进的电子科技与网络技术来提高信息传递的效率，提高电算化的利用程度，建立更加完善的电算化存货管理系统，逐渐减少传统的手工操作。

（二）降低存货积压占用的资金量

存货积压过多造成企业大量的资金被占用，资金周转率严重下降，所以通过对存货进行合理规划，来防止存货积压过多情况的出现。企业可以采取如下方法对存货进行合理规划：企业应当对市场进行充分调研，对消费者需求及消费心理进行充分了解，能够准确判断消费趋势；聘请专业机构、人士进行分析，对市场需求量作出准确判断；可以采取经济订货批量法进行采购，确定最佳订货量，使得存货库存量及存货相关总成本最小；需要及时对库存进行盘点，对企业的存货库存情况做到准确了解，为合理的存货采购提供依据，进而减小存货积压情况发生的可能性。

（三）制订科学的采购计划

制订科学的采购计划，会促使企业的生产经营活动正常进行，减小存货积压或短缺的可能性。制订科学的采购计划，一方面，需要严格遵守、执行企业制定的存货采购授权批准制度，从而加强存货采购过程的合法性，进而有效控制存货的采购数量；另一方面，需要加强企业各部门间的信息资源共享与沟通，采购部门要与其他部门保持紧密的联系。企业各个部门之间是相互关联的，可以通过现代信息技术共享存货信息，以便及时、准确地使用企业的信息，从而提高工作效率。

（四）制定合理的存货管理制度

1.完善存货验收、发出和保管制度

企业要建立更加完善的存货验收、发出和储存保管制度。首先，要完善存货验收制度。在进行存货验收时，要及时对原材料等物资进行验收，建立详细、准确的账簿。其次，完善存货发出制度，一定要选择合理的发出存货计价方法，如果没有特殊情况，发出存货的计价方法一经确定后就不允许随意更改，要遵循一贯性原则。在存货发出时，要严格按照正确的领用程序进行审批，准确填写领用单据，妥善保管，以便后期进行核查。最后，要完善存货保管制度。仓库保管人员不能仅仅对存货的数量做检查、记录，还要对存货的质量、规格等项目做检查、记录，以防存货达不到企业的需求，还需定期检查存货，以防出现存货变质、毁损、报废等情况。

2.调整内部控制制度

内部控制做得好是存货管理的重要保障。首先，企业领导层要加大对存货管理的重视程度，充分认识其在企业生产经营过程中的重要性，加大存货管理内部控制制度建设。其次，要制定不相容的职务相分离原则，确保各个岗位间能够做到相互分离与相互制约。再次，要加大授权批准管理力度，对授权批准相关的程序、手续、方法和措施进行明确阐述，不能超越权限范围办理授权批准。对于越权的审批，要及时向上级汇报，未经授权批准的人员不得进行存货业务办理。最后，还要做到定期检查和时刻监督。企业要设立专门的检查监督小组，对存货管理的整个流程进行严密检查与监督，使内部控制行之有效。

存货管理对企业来说是非常重要的，有效的存货管理能够提高资金周转率和存货利用率，进而提高企业的经营效率和效力，增加企业的经济利益。本书对企业存货现存问题进行原因分析，进而提出解决的建议与对策，以期利于企业进行存货管理，最终实现提高企业经济利益的目标。

第五节 资金的时间价值

任何经济活动都是伴随着时间消耗的活动，从某种意义上讲，时间作为一种宝贵的资源影响着资金的价值。随着时间的推移，资金的价值表现为一个变化的过程，具体表现为等量资金，若发生在不同的时间点，就会产生不同的价值。同样道理，绝对金额不同的资金，若在不同的时间点发生，在时间的作用下却可能产生相同的价值。因此，只有有效地利用时间资源在资金价值产生过程中的作用，才可以产生更高的价值。

资金的时间价值主要与资金量的大小、资金占用时间的长短、资金增值率的大小、资金投入项目的时间点、资金周转速度等有关，主要呈现以下变化规律。

一、资金的价值随着时间的推移而增值

在资金的时间价值中，资金是运动着的价值，表现为价值是随着时间的推移而增值，增值部分就是原有资金的时间价值，也就是一定量的资金在当前投入项目中可以比将来投入项目中获得更高的价值。从经济学的角度而言，在不同的时间，一个单位的资金之所以购买力不同，是因为要将现在的资金用作将来消费，在消费时就需要付出大于一个单位的资金，超出一个单位资金的部分作为弥补延迟消费的贴水。产生上述结果的原因是在扩大再生产及其流通过程中，作为生产经营要素的资金是随着时间的推移而变化的。总的来说，就是等量资金在同一时间点、投入到同一个项目中，在资金增值率保持不变的前提下，资金占用时间越长，资金的时间价值就越大；资金占用时间越短，资金的时间价值就越小。

二、资金的时间价值与投入项目的资金基数成正比

在其他条件固定不变的前提下,资金的时间价值与投入项目的资金基数成正比。因为在单位资金折现率固定时,资金的基数越大,在相同的时间段里,资金所产生的价值就越大;反之,资金的基数越小,在相同的时间段里,资金所产生的价值就越小。

三、资金的时间价值与资金投入项目的时间点有关

根据资金折现的特点,越靠近折现年投入项目,资金折现后现值数据的绝对值就越大。因此,在其他条件不变的前提下,等量资金投入项目的时间点越靠近折现年,则资金的负效益就越大;在越远离折现年的时间点投入项目,则资金的负效益就越小。同样道理,回收等量金额的资金,在越靠近折现年的时间点回收,资金的时间价值就越大;在越远离折现年的时间点回收资金,资金的时间价值就越小。

四、资金周转速度对资金时间价值的影响

资金周转速度对资金时间价值的影响主要表现为:资金的周转速度越快,资金的时间价值就越大。对于等量资金,周转速度越快,则在一定的时间内资金的周转次数就越多,就会表现出较大的价值;反之,周转速度越慢,单位时间内资金的周转次数就越少,资金的时间价值就越小。

总的来说,资金的时间价值是客观存在于经济活动中的一个资金价值随着时间推移而增值的基本规律,任何投资者都必须把充分发挥资金的时间价值、最大限度地获得资金的时间价值作为基本的工作原则,这就需要从资金的时间价值的影响因素入手,加快资金的周转速度,使投入的资金尽早回收,并考虑将资金投入到利润较高的项目中。根据资金的时间价值规律,任何资金的闲置都是在损失资金的时间价值。

第五章 利润分配管理

第一节 利润分配概述

利润是企业生存和发展的基础，追求利润是企业生产经营的根本动力。搞好利润管理，具有十分重要的意义：利润是衡量企业生产经营水平的一项综合性指标，利润是企业实现财务管理目标的基础，利润是企业再生产的主要资金来源。

分配活动是财务活动的重要一环，利润分配是很重要的工作，它不仅影响企业的筹资和投资决策，而且涉及国家、企业、投资者、职工等各方面的利益关系，关系到企业的长远利益与近期利益、整体利益与局部利益等关系的处理和协调，必须慎重对待。

一、利润的构成

进行利润分配的前提是企业实现盈利，合理地分配利润需要正确地计算利润总额。利润是企业在一定会计期间的经营成果，利润的多少在一定程度上决定了利润分配者的利益和企业的发展能力。

利润包括收入减去费用后的净额、直接计入当期利润的利得和损失等。其中，收入减去费用后的净额反映企业日常活动的业绩，直接计入当期利润的利得和损失反映企业非日常活动的业绩。利润的构成可以用如下公式计算：

$$利润总额=营业利润+营业外收支净额 \quad (5-1)$$

$$净利润=利润总额-所得税费用 \quad (5-2)$$

（一）利润总额的构成

营业利润是企业在一定时期内从事生产经营活动所取得的利润，它集中反映了企业生产经营的成果，其计算公式如下：

营业利润=营业收入-营业成本-营业税金及附加-销售费用-管理费用-财务费用-
　　　　资产减值损失+公允价值变动收益（减损失）+投资收益（减损失）　（5-3）

营业外收支净额是指与企业生产经营活动没有直接联系的营业外收入与营业外支出的差额。

（二）税前利润调整

对企业计征所得税不是以利润总额为基础，而是以应税所得为基础。因此，要计算出税前利润，就要对利润总额进行调整，对利润总额的调整包括永久性差异调整、暂时性差异调整和弥补亏损调整三个方面。永久性差异是指某一会计期间由于会计准则和税法在计算收益、费用和损失的口径不同，所产生的税前会计利润和应税所得之间的差异。这种差异在本期产生，不会在以后各期转回。暂时性差异是指资产与负债的账面价值与计税基础之间的差异。这种差异发生在某一会计期间，但在以后某一期或若干期内能够转回。为了减轻亏损企业的所得税负担，企业发生的年度亏损，可以在之后五年内用所得税前利润进行弥补；延续五年未弥补的亏损，可用税后利润进行弥补。

（三）所得税计征和税后利润的形成

企业利润总额经过上述调整后，便可确定当期的应税所得额，所得税额为应税所得与适用所得税率的乘积。企业利润总额减去所得税额就是企业净利润，它是利润分配的基础。

二、利润分配的原则

（一）依法分配的原则

税后净利润是利润分配的基础，净利润是企业的权益，企业有权自主分配。国家相关法律法规对利润分配的基本原则、一般顺序和重大比例作出了明确的规定，目的是保证企业利润分配的有序进行，维护企业和所有者、债权人和职工的合法权益，促使企业增加积累、提高风险防范能力。企业在利润分配中必须依照相关法律法规进行，企业利润分配在企业内部属于重大事件，必须严格按照企业章程的规定进行分配。

（二）兼顾各方利益的原则

利润分配是利用价值形式对社会产品的分配，直接关系到有关各方的切身利益。因此，要坚持全局观念，兼顾各方利益。国家为行使其自身职能，必须有充足的资金保证，这就要求企业以缴纳税款的方式无偿上缴一部分利润，这是每个企业应尽的义务；投资者作为资本投入者、企业所有者，依法享有收益分配权，企业的净利润归投资者所有，是企业的基本制度，也是企业所有者投资于企业的根本动力所在；企业的利润离不开全体职工的辛勤工作，职工作为利润的直接创造者，除了获得工资及奖金等劳动报酬外，还要以适当方式参与净利润的分配。利润分配涉及投资者、经营者和职工等多方面的利益，企业必须兼顾，并尽可能保持稳定的利润分配。在企业具有稳定的利润增长时，应增加利润分配的比例。

（三）分配与积累并重的原则

企业进行收益分配，应正确处理长远利益与近期利益的辩证关系，将两者有机结合起来。坚持分配与积累并重，企业除了要按规定提取法定盈余公积金以外，还可适当留存一部分利润作为积累。这部分留存收益虽暂时未予分配，但仍归企业所有者所有。并且，这部分积累不仅为企业扩大再生产筹措了资金，同时也增强了企业抵抗风险的能力，提高了企业经营的安全系数和稳定性，这也有利于增加所有者的回报。通过处理收益分配与积累的关系，留存一部分利润以供企业未来分配之需，还可以达到以丰补歉、平抑收益分配数额波动幅度、稳定投资报酬率的效果。同时，出于发展资本和优化资本的考虑，企业可以合理留用利润，应以积累优先为原则，合理确定提取盈余公积金、公益金和分配给投资者利润的比例，使利润分配真正成为促进企业发展的手段。

（四）资本保全的原则

资本保全是责任有限的现代企业制度的基础性原则之一。企业在分配中不得侵蚀资本，利润分配是对经营中资本新增额的分配，不是资本金的返还。因此，如果企业有亏损，应先弥补亏损，再进行分配。

（五）投资与收益对等的原则

企业分配收益应当体现"谁投资谁受益"、收益大小与投资比例相适应，即投资与收益对等的原则，这是正确处理投资者利益关系的关键。这就要求企业在向投资者分配收益时，应本着平等一致的原则，按照各方出资的比例来进行，以保护投资者的利益。

（六）充分保护债权人利益的原则

债权人的利益按照风险承担的顺序及合同契约的规定，企业必须在利润分配前偿清所有债权人到期债务，否则不得进行利润分配。如果有长期债务契约，企业的利润分配方案要经过经债权人同意才可执行。

三、利润分配的项目

利益机制是制约机制的核心，而利润分配的合理与否是利益机制最终能否发挥作用的关键。利润分配的项目，即支付股利是一项税后净利润的分配，但不是利润分配的全部。一般来讲，企业的利润分配项目包括法定公积金和股利分配。

（一）法定公积金

法定公积金从净利润中提取形成，用于弥补企业亏损、扩大企业生产经营规模或者转为增加企业资本。企业在分配当年税后利润时，应按照其净利润的10%提取法定公积金，当公积金累计额达到企业注册资本的50%时，可不再继续提取。任意公积金的提取与否及提取数量，由股东大会根据需要决定。

（二）股利

在提取完公积金后，企业开始支付股利。股利的分配以各股东持有的股份数额为依据，每一股东取得的股利与其持有的股份数成正比。股份有限公司原则上应从累计盈利中分配股利，无盈利不得分配股利，但若公司用公积金抵补亏损以后，为维护其股票信誉，经股东大会特别决议，也可用公积金支付股利。

四、利润分配的顺序

按照《中华人民共和国公司法》的相关规定，公司应当按照以下顺序分配利润：

（1）计算可供分配的利润。将本年净利润（或亏损）与年初未分配利润（或亏损）合并，计算出可供分配的利润。如果可供分配的利润为负数（即亏损），则不能进行后续分配；如果可供分配利润为正数（即本年累计盈利），则进行后续分配；

（2）计提法定公积金。按抵减年初累计亏损后的本年净利润计提法定公积金。提取公积金的基数，不一定是可供分配的利润，也不一定是本年的税后利润。只有不存在年初累计亏损时，才能按本年税后利润计算应提取数；

（3）计提任意公积金；

（4）向股东分配利润。

公司股东会或董事会不得违反上述规定顺序来进行分配利润，如果在抵补亏损和提取法定公积金之前对投资者进行利润分配的，必须将违反规定发放的利润退还公司。

五、股利支付形式

常见的股利支付形式有以下四种：

（一）现金股利

现金股利，又称红利，是指公司用现金支付的股利，它是股利支付最常见的方式。

公司选择发放现金股利，除了要有足够的留存收益外，还要有足够的现金，而现金充足与否往往会成为公司发放现金股利的主要制约因素。

（二）股票股利

股票股利，是公司以增发股票的方式所支付的股利，我国实务中通常称其为"送股"。对公司来说，发放股票股利并没有现金流出公司，也不会导致公司的资产减少，而只是将公司的留存收益转化为股本。但股票股利会增加流通在外的普通股数量，同时降低股票的每股价值。它不改变公司股东的权益总额，但会改变股东的权益结构。

（三）财产股利

财产股利，是以现金以外的其他资产支付的股利，主要是以公司所拥有的其他公司的有价证券，如债券、股票等，作为股利支付给股东。

（四）负债股利

负债股利，是以负债方式支付的股利，通常以公司的应付票据支付给股东，有时也以发放公司债券的方式支付股利。

财产股利和负债股利实际上是现金股利的替代，但这两种股利支付形式在我国公司实务中很少被使用。

六、股利支付程序

股份公司分配股利必须遵循法定的程序，先由董事会提出分配预案，然后提交股东大会决议，股东大会决议通过分配预案之后，向股东宣布发放股利的方案，并确定股权登记日、除息日和股利发放日等。

（一）股利宣告日

股利宣告日是指公司董事会将股利支付情况予以公告的日期。公告中将宣布每股支付的股利、股权登记期限、除去股息的日期和股利支付日期。

股份公司董事会根据定期发放股利的周期举行董事会会议，讨论并提出股利分配方案，由股东大会讨论通过后，正式宣告股利的发放方案，宣布方案的这一天被称为宣告日。在当日，股份公司应登记有关股利负债（应付股利）。

（二）股权登记日

上市公司在送股、派息或配股或召开股东大会的时候，需要定出某一天，界定哪些主体可以参加分红、参与配股或具有投票权利，定出的这一天就是股权登记日。也就是说，在股权登记日这一天收盘时，仍持有或买进该公司股票的投资者是可以享有此次分红、参与此次配股、参加此次股东大会的股东，这部分股东名册由证券登记公司统计在案，届时将应送的红股、现金红利或者配股权划到这部分股东的账上。

（三）除息日

除息日是指领取股利的权利与股票相分离的日期。在除息日前，股利权从属于股票，持有股票者即享有领取当期股利的权利；除息日开始，股利权与股票相分离，新购入股票的股东不能分享当期股利。除息日对股票的价格有明显的影响，在除息日之前进行的股票交易，股票价格包括应得的股利收入，除息日后进行的股票交易，股票价格不包括股利收入，股票价格会有所下降，下降的幅度等于分派的股利。

（四）股利发放日

股利发放日是指将股利正式支付给股东的日期。在这一天，公司应按公布的分红方案，通过各种手段，将股利支付给股权登记日在册的股东。

第二节 股利政策

一、影响股利政策的因素

公司股利的分配是在各种制约因素下进行的，影响公司股利政策的因素主要包括以下几方面：

（一）法律法规因素

企业的利润分配必须依法进行，这是正确处理各方面利益关系的关键。为规范企业的收益分配行为，国家制定和颁布了若干法律法规，主要包括企业制度方面的法律法规、财务制度方面的法律法规，如《中华人民共和国证券法》《中华人民共和国公司法》等，这些法律法规规定了企业收益分配的基本要求和一般程序，企业必须严格遵守和执行。在这些法律法规中，为了保护企业债权人和股东的利益，通常对企业的股利分配做以下限制：

1. 资本保全

资本保全要求公司股利的发放不能侵蚀资本,即公司不能因支付股利而引起资本减少。资本保全的目的在于防止企业任意减少资本结构中的所有者权益比例,以保护债权人的利益。

2. 资本积累

资本积累即规定公司股利只能从当期的利润和过去累积的留存收益中去支付,也就是说,公司股利的支付不能超过当期与过去的留存收益之和。我国规定,公司的年度税后利润必须计提10%的法定盈余公积金和按一定比例计提的任意盈余公积金,只有当公司提取公积金累计数达到注册资本的50%时,可以不再计提。

3. 净利润

公司实现的净利润在弥补以前年度亏损、提取法定盈余公积后,加上年初未分配利润和其他转入数(公积金弥补的亏损等),所形成的公司年度累计净利润必须为正数时,才可发放股利,以前年度亏损必须足额弥补。

4. 偿债能力

公司如果要发放股利,就必须保证自身有充分的偿债能力。如果企业已经无力偿还债务或因发放股利将极大影响企业的偿债能力,则不能分配现金股利。

(二)公司因素

公司资金灵活周转是公司生产经营得以正常进行的必要条件,公司在制定股利政策时,应考虑以下因素。

1. 变现能力

公司资产的变现能力,即保有一定的现金和其他适当的流动资产,是维持正常商品经营的重要条件。较多地支付现金股利会减少公司的现金持有量,降低公司资产的流动性。因此,公司现金股利的支付能力,在很大程度上受其资产变现能力的限制。

2. 举债能力

不同公司在资本市场上举借债务的能力有一定差别,具有较强举债能力的公司由于能够及时筹措到所需的资金,可能采取较宽松的股利政策;而举债能力弱的公司,则不得不保留盈余,因而往往采取较紧的股利政策。

3.盈利能力

公司的股利政策在很大程度上会受其盈利能力的限制。一般而言，盈利能力较强的公司通常采取较高的股利支付政策，而盈利能力较弱或不够稳定的公司通常采取较低的股利支付政策。

4.投资机会

公司的股利政策与其所面临的新的投资机会密切相关。如果公司有良好的投资机会，必然需要大量的资本支持，因而往往会将大部分盈余用于投资，而少发放股利；如果公司暂时缺乏良好的投资机会，则倾向于先向股东支付股利，以防止保留大量现金造成资本浪费。正因为如此，许多处于成长期的公司往往采取较低的股利支付率，而许多处于经营收缩期的公司却往往采取较高的股利支付率。

5.资本成本

与发行新股和举债筹资相比，采取留存收益作为内部筹资的方式，不需支付筹资费用，其资本成本较低。当公司筹措大量资本时，应选择比较经济的筹资渠道，以降低资本成本。在这种情况下，公司通常采取较低的股利支付政策，同时以留存收益进行筹资，还会增加股东权益资本的比重，进而提高公司的借贷能力。

6.公司所处的生命周期

公司应当采取最符合自身当前所处生命周期的股利政策。一般来说，处于快速成长期的公司具有较多的投资机会，它们需要大量的现金流量来扩大公司规模，通常不会发放很多股利，而处于成熟期的公司一般会发放较多的股利。

（三）股东因素

股东在稳定收入、股权稀释、税负等方面的要求，会对公司的股利政策产生影响。

1.稳定收入

公司股东的收益包括两部分，即股利收入和资本利得。对于永久性持有股票的股东来说，往往要求有较为稳定的股利收入，如果公司留存较多的收益，将首先遭到这部分股东的反对，而且公司留存收益带来的新收益或股票交易价格产生的资本利得具有很大的不确定性。因此，与其获得不确定的未来收益，不如得到现实的确定股利。

2.避税

尽管股票持有者获得的股利收入和资本利得都需要缴纳一定的所得税,但在许多国家,股利收入的所得税税率(累进税率)高于资本利得的所得税税率。因此,税收政策的不同,会导致不同的股东对股利分配持有不同的态度。对高股利收入的股东来讲,出于节税的考虑(股利收入的所得税高于股票交易的资本利得税),往往反对公司发放较多的股利。在我国,对股息收入采用20%的比例税率征收个人所得税,没有采用累进税率,并且对股票交易所得暂时不征个人所得税,在这种情况下,低股利分配政策可以给股东带来更多的资本利得收入。

3.股权稀释

公司举借新债,除要付出一定的代价外,还会增加公司的财务风险。如果通过增募股本的方式筹集资本,现有股东的控制权就有可能被稀释,当他们没有足够的现金认购新股时,为防止自己的控制权降低,宁可公司不分配股利而反对募集新股。另外,随着新股的发行,流通在外的普通股股数必将增加,最终将导致普通股每股收益和每股市价下跌,从而对现有的股东产生不利的影响。

4.规避风险

一部分投资者认为,股利的风险小于资本利得的风险,当期股利的分配解除了投资者心中的不确定性,因此他们往往会要求公司分配较多的股利,从而减少其投资风险。

(四)其他因素

1.债务合同约束

公司的债务合同,特别是长期债务合同,为了保障债权人债权的安全性,往往有限制公司现金支付程度的条款,这使公司只得采取低股利政策。这种限制条款主要有如下内容:限制运用以前的留存收益进行未来股息的支付;当企业的营运资本低于一定的标准时,不得向股东支付股利;当企业的利息保障倍数低于一定的标准时,不得向股东支付股利。

2.通货膨胀

在通货膨胀情况下,公司固定资产的价值会增长较快,折旧基金的购买力水平会下降,将导致公司没有足够的资金来源重置固定资产。这是盈余会被当作弥补折旧基金购买力水平下降的资金来源,因此在通货膨胀时期,公司股利政策往往偏紧。另外,国家有关的宏观经济环境、金融环境及文化因素等都会对企业的股利政策产生较大影响，如经济增长的速度等。

二、常见股利政策

股利政策是指在法律允许的范围内，企业是否发放股利、发放多少股利，以及何时发放股利的方针及对策。企业的净收益可以支付给股东，也可以留存在企业内部，股利政策的关键问题是确定分配和留存的比例。股利政策不仅会影响股东的财富，而且会影响企业在资本市场上的形象及企业股票的价格，更会影响企业的长短期利益。因此，合理的股利政策对企业及股东来说是非常重要的。企业应当确定适当的股利政策，并使其保持连续性，以便股东据以判断其发展趋势。在实际工作中，通常有下列几种股利发放政策可供选择。

（一）剩余股利政策

剩余股利政策是指公司生产经营所获得的净收益首先应满足公司的资金需求，如果还有剩余，则派发股利；如果没有剩余，则不派发股利。

剩余股利政策的理论依据是股利无关理论（也称 MM 理论）。根据股利无关理论，在完全理想状态下的资本市场中，上市公司的股利政策与公司普通股每股市价无关，公司派发股利的高低不会给股东的财富价值带来实质性的影响，投资者对于盈利的留存或发放毫无偏好，公司决策者不用考虑公司的分红模式，公司的股利政策只需随着公司投资、融资方案的制定而自然确定。另外，很多公司有自己的最佳目标资本结构，公司的股利政策不应当破坏最佳资本结构。因此，根据这一政策，公司按以下步骤确定其股利分配额：

（1）根据公司的投资计划，确定公司的最佳资本预算；

（2）根据公司的目标资本机构及最佳资本预算，预计公司资金需求中所需要的权益资本数额；

（3）尽可能用留存收益来满足资金需求中所需增加的股东权益数额；

（4）留存收益在满足公司股东权益增加需求后，如果有剩余再用来发放股利。

假设某公司 2008 年在提取了公积金之后的税后净利润为 2 000 万元，2009 年的投资计划需要资金2 200万元，公司的目标资本结构为权益资本占总资本的60%，债务资本占总资本的40%。那么按照目前资本结构的要求，公司投资方案所需的权益资本额为2 200×60%=1 320（万元）。

公司当年全部可用于分派的盈利为2 000万元，除了可以满足上述投资方案所需的权益性资本以外，如果还有剩余，则可以用于分派股利。2008年可以发放的股利额为2 000-1 320=680（万元）。

假设该公司当年流通在外的普通股为1 000万股，那么每股股利为680÷1 000=0.68（元/股）。

剩余股利政策的优点是：留存收益优先保证再投资的需要，从而有助于降低再投资的资金成本，保持最佳的资本结构，实现企业价值的长期最大化。其缺点是：如果完全遵照执行剩余股利政策，股利发放额就会每年随投资机会和盈利水平的波动而波动。即使在盈利水平不变的情况下，股利也将与投资机会的多寡呈现反方向的变动，即投资机会越多，股利越少；反之，投资机会越少，股利发放越多。而在投资机会维持不变的情况下，股利发放额将因公司每年盈利的波动而同方向波动。剩余股利政策不利于投资者安排收入与支出，也不利于公司树立良好的形象，一般适用于公司初创阶段。

（二）固定或稳定增长的股利政策

固定或稳定增长的股利政策，是指公司将每年派发的股利额固定在某一特定水平或在此基础上维持某一固定比率逐年增长。只有在确信公司未来的盈利增长不会发生逆转时，才会宣布实施固定或稳定增长的股利政策。在固定或稳定增长的股利政策下，首先应确定的是股利分配额，而且该分配额一般不随资金需求的波动而波动。

近年来，为了避免通货膨胀对股东收益的影响，最终达到吸引投资的目的，很多公司开始实行稳定增长的股利政策。即为了避免股利的实际波动，公司在支付某一固定股利的基础上，还制定了一个目标股利增长率，依据公司的盈利水平，按目标股利增长率逐步提高公司的股利支付水平。

1.固定或稳定增长股利政策的优点

（1）由于股利政策本身的信息含量，它能将公司未来的获利能力、财务状况及管理层对公司经营的信心等信息传递出去。固定或稳定增长的股利政策可以传递给股票市场和投资者一个公司经营状况稳定、管理层对未来充满信心的信号，这有利于公司在资本市场上树立良好的形象、增强投资者信心，进而有利于稳定公司股价。

（2）固定或稳定增长股利政策，有利于吸引那些打算长期投资的股东，这部分股东希望其投资获利能够成为其稳定的收入来源，以便安排各种经常性的消费和其他方面的支出。

2.固定或稳定增长股利政策的缺点

（1）在固定或稳定增长股利政策下的股利分配只升不降，股利支付与公司盈利相脱离，即无论公司盈利多少，均要按固定的乃至固定增长的比率派发股利。

（2）在公司发展过程中，难免会出现经营状况不好或短暂困难时期，如果这时仍执行固定或稳定增长的股利政策，那么派发的股利金额大于公司实现的盈利，必将侵蚀公司的留存收益，影响公司的后续发展，甚至侵蚀公司现有的资本，给公司的财务运作带来很大压力，最终影响公司正常的生产经营活动。

因此，采取固定或稳定增长的股利政策，要求公司对未来的盈利和支付能力作出较准确的判断。一般来说，公司确定的固定股利额不应太高，要留有余地，以免陷入公司无力支付的被动局面。固定或稳定增长的股利政策一般适用于经营比较稳定或正处于成长期的企业，且很难被长期使用。

（三）固定股利支付率政策

固定股利支付率政策是指公司将每年净收益的某一固定百分比作为股利分派给股东。这一百分比通常称为股利支付率，股利支付率一经确定，一般不得随意变更。固定股利支付率越高，公司留存的净收益越少。在这一股利政策下，只要公司的税后利润一经计算确定，所派发的股利也就相应确定了。

1.固定股利支付率政策的优点

（1）采取固定股利支付率政策，股利与公司盈余紧密地配合，体现了多盈多分、少盈少分、无利不分的股利分配原则。

（2）由于公司的获利能力在年度间是经常变动的，因此每年的股利也应当随着公司收益的变动而变动，并保持分配与留存收益间的一定比例关系。采取固定股利支付率政策，公司每年按固定的比例从税后利润中支付现金股利，从企业支付能力的角度看，这是一种稳定的股利政策。

2.固定股利支付率政策的缺点

(1) 传递的信息容易成为公司的不利因素。大多数公司每年的收益很难保持稳定不变,如果公司每年收益状况不同,每年发放的股利会随着公司收益的变动而变动,从而使公司的股利支付极不稳定,由此导致股票市价上下波动。而股利通常被认为是公司未来前途的信号传递,那么波动的股利向市场传递的信息就是公司未来收益前景不明确、不可靠等,很容易给投资者带来公司经营状况不稳定、投资风险较大的不良印象。

(2) 容易使公司面临较大的财务压力。因为公司实现的盈利越多,按照一定支付比率派发的股利就越多,但公司实现的盈利多并不代表公司有充足的现金派发股利,只能表明公司盈利状况较好而已。如果公司的现金流量状况不好却还要按固定比率派发股利的话,就很容易给公司造成较大的财务压力。

(3) 缺乏财务弹性。股利支付率是公司股利政策的主要内容,模式的选择、政策的制定是公司的财务手段和方法。在不同阶段,根据财务状况制定不同的股利政策,会更有效实现公司的财务目标。但在固定股利支付率政策下,公司丧失了利用股利政策的财务方法,缺乏财务弹性。

(4) 固定股利支付率的确定难度大。如果固定股利支付率确定得较低,就不能满足投资者对投资收益的要求;而固定股利支付率确定得较高,在没有足够的现金派发股利时,会给公司带来巨大的财务压力。另外,当公司发展需要大量资金时,也要受其制约。因此,确定较优的股利支付率的难度很大。

由于公司每年面临的投资机会、筹资渠道都不同,而这些都可以影响公司的股利分派,因此在实际中,一成不变地奉行按固定比率发放股利政策的公司并不多见,固定股利支付率政策只是比较适用于那些稳定的、发展的,且财务状况也较稳定的公司。

某公司长期以来采取固定股利支付率政策进行股利分配,确定的股利支付率为40%。2009年可供分配的税后利润为1 000万元,如果仍然继续执行固定股利支付率政策,则公司在该年度要支付的股利为1 000×40%=400(万元)。但公司在下一年度有较大的投资需求,因此准备在2009年度采取剩余股利政策。如果公司下一年度的投资预算为1 200万元,目标资本结构为权益资本占总资本的60%,债务资本占总资本的40%。按照目标资本机构的要求,公司投资方案所需的权益资本额为1 200×60%=720(万元),2009年可以发放的股利额为1 200-720=480(万元)。

（四）低正常股利加额外股利政策

低正常股利加额外股利政策，是指企业在盈利情况较好、资金较为充裕的年度，向股东发放高于每年度正常股利的额外股利。

1.低正常股利加额外股利政策的优点

（1）低正常股利加额外股利政策赋予公司一定的灵活性，使公司在股利发放上留有余地和具有较大的财务弹性，同时每年可以根据公司的具体情况，选择不同的股利发放水平，以完善公司的资本结构，进而实现公司的财务目标。

（2）低正常股利加额外股利政策有助于稳定股价，增强投资者信心。由于公司每年固定派发的股利维持在一个较低的水平上，在公司盈利较少或需要较多的留存收益进行投资时，公司仍然能够按照既定承诺的股利水平派发股利，使投资者拥有一个固有的收益保障，这有助于维持公司股票的现有价格。而当公司盈利状况较好且有剩余现金时，就可以在政策股利的基础上再派发额外股利，额外股利信息的传递则有助于公司股票的价格上扬，增强投资者信心。

可以看出，低正常股利加额外股利政策既吸引了固定股利政策对股东投资收益的保障优点，又摒弃其对公司所造成的财务压力等方面的不足，所以在资本市场上颇受投资者和公司的欢迎。

2.低正常股利加额外股利政策的缺点

（1）由于各年份间公司的盈利波动，使得额外股利不断变化、时有时无，造成分派的股利不同，容易给投资者以公司收益不稳定的感觉。

（2）当公司在较长时期持续发放额外股利后，可能会被股东误认为"正常股利"，而一旦取消了这部分额外股利，传递出去的信号可能会使股东认为这是公司财务状况恶化的表现，进而可能会引起公司股价下跌的不良后果。所以相对来说，对那些盈利水平随着经济周期而波动较大的公司或行业，这种鼓励政策也许是一种不错的选择。

第三节 股票分割和股票回购

一、股票分割

股票分割又称股票拆细，即将一股股票拆分成多股股票的行为。股票分割对公司的资本结构不会产生任何影响，一般只会使发行在外的股票总数增加，资产负债表中股东权益各账户（股本、资本公积、留存收益）的余额都保持不变，股东权益的总额也保持不变。

股票分割的作用主要有以下五个方面：

（1）股票分割会使公司每股市价降低，买卖该股票所必需的资金量减少，易于增加该股票在投资者间的换手，并且可以使更多的资金实力有限的潜在股东变成持股的股东。因此，股票分割可以促进股票的流通与交易；

（2）股票分割可以向投资者传递公司发展前景良好的信息，有助于提高投资者对公司的信心；

（3）股票分割可以为公司发行新股做准备。公司股票价格太高，会使许多潜在的投资者力不从心，而不敢轻易对公司的股票进行投资。在新股发行之前，利用股票分割降低股票价格，可以促进新股的发行；

（4）股票分割有助于公司并购政策的实施，增加对被并购方的吸引力；

（5）股票分割带来的股票流通性提高和股东数量增加，会在一定程度上加大对公司股票恶意收购的难度。

二、股票回购

（一）股票回购及其法律规定

股票回购，是指上市公司出资将其发行的流通在外的股票以一定价格购买回来，予以注销或作为库存股的一种资本运作方式。

《中华人民共和国公司法》规定，公司不得收购本公司的股份。但有下列情形之一的除外：减少公司注册资本；与持有本公司股份的其他公司合并；将股份奖励给本公司职工；股东因对股东大会作出的公司合并、分立决议持异议，要求公司收购其股份的。

（二）股票回购的动机

在证券市场上，股票回购的动机主要如下：

1.现金股利的替代

对公司来讲，派发现金股利会对公司产生未来的派现压力，而股票回购属于非正常股利政策，不会对公司产生未来的派现压力。对股东来讲，需要现金的股东可以选择出售股票，不需要现金的股东可以选择继续持有股票。因此，当公司有富余资金，但又不希望通过派现方式进行分配的时候，股票回购可以作为现金股利的一种替代。

2.提高每股收益

由于财务上的每股收益指标是以流通在外的股份数作为计算基础的，有些公司出于自身形象、上市需求和投资人渴望高回报等考虑，采取股票回购的方式，来减少实际支付股利的股份数，从而提高每股收益指标。

3.改变公司的资本结构

股票回购可以改变公司的资本结构，提高财务杠杆水平。

4.传递公司的信息，以稳定或提高公司股价

由于信息不对称和预期差异，证券市场上的公司股票价格可能被低估，而过低的股价将会对公司产生负面影响。因此，当公司认为其股价被低估时，可以进行股票回购，以向市场和投资者传递公司真实的投资价值，稳定或提高公司的股价。

5.巩固既定控制权或转移公司控制权

许多股份公司的大股东为了确保其所代表股份公司的控制权不被改变，往往采取直接或间接的方式回购股票，从而巩固既有的控制权。

6.防止敌意收购

股票回购有助于公司管理者避开竞争对手企图收购的威胁，因为它可以使公司流通在外的股份数变少、股价上升，从而使收购方要获得控制公司的法定股份比例变得更为困难。

7.满足认股权的行使

在公司发行可转换债券、认股权证或施行经理人员股票期权计划及员工持股计划的情况下，公司采取股票回购的方式，既不会稀释每股收益，又能满足认股权的行使。

8.满足公司兼并与收购的需要

在进行公司兼并与收购时，产权交换的实现方式包括现金购买和换股两种。如果公司有库藏股，则可以用公司的库藏股来交换被并购公司的股权，这样可以减少公司的现金支出。

（三）股票回购的影响

1.股票回购对上市公司的影响

（1）股票回购需要大量资金支付回购的成本，容易造成公司的资金紧张，资产流动性降低，影响公司的后续发展；

（2）公司进行股票回购，无异于股东退股和公司资本的减少，在一定程度上削弱了对债权人利益的保障；

（3）股票回购可能使公司的发起人股东更注重创业利润的兑现，而忽视公司长远的发展，损害公司的根本利益；

（4）股票回购容易导致公司操纵股价。公司回购自己的股票，容易导致其利用内幕消息进行炒作，或操纵财务信息，加剧公司行为的非规范化，使投资者蒙受损失。

2.股票回购对股东的影响

对于投资者来说，与现金股利相比，股票回购不仅可以节约个人税收，而且具有更大的灵活性。因为股东对公司派发的现金股利没有是否接受的可选择性，而对股票回购则具有可选择性，需要现金的股东可选择卖出股票，而不需要现金的股东则可继续持有股票。如果公司急于回购相当数量的股票，而对股票回购的出价太高，以至于偏离均衡价格，那么结果会不利于选择继续持有股票的股东，因为回购行动过后，股票价格会出现回归性下跌。

（四）股票回购的方式

股票回购包括公开市场回购、要约回购及协议回购三种方式。

第六章 财务管理与企业经济发展

第一节 企业财务管理与企业经济发展

在目前市场经济条件下，企业不得不面对日趋激烈的市场竞争环境。加强企业财务管理工作，提高企业财务管理水平，能够有效规避企业的生产经营风险，使企业获得最佳的经济效益。企业领导者是企业的开拓者，也是企业经济管理及面对市场竞争环境的核心，对企业人力、物力、财力等具有指挥和协调的权利。但是，企业领导者必须努力提升企业经营管理的财务控制水平，将有效的财务管理方法和体系用于企业生产、销售的各个方面，从而提升企业的经济效益。

一、财务管理在企业中的作用

一般情形下，财务管理主要是建立资金的动态管理形式，实现企业资金的全过程管理。资金的表现形式主要是资金在企业实际生产经营活动所表现出的资金运动过程。从实物上来看，其具体表现为物质购进、消耗及销售等；但从企业流程的价值形态来看，资金是伴随着物质购进、消耗和销售等不断运动的，企业所有的分析、决策及对企业经济管理过程的控制，均是基于价值形态进行的。

企业在运用财务管理工具对经营管理进行准确分工和控制时，往往侧重于价值层面，利用价值形态对所有资源进行合理分配，实现企业经营管理过程中所有资源的合理控制，以提升企业的实际经济效益。

从价值形态角度来看，财务管理不仅是一种价值管理方式，更是一种综合性的管理方法，以价值为表现形式出现于企业所有的生产经营活动之中。换句话说，就是哪里有经济活动，哪里就有资金运作，而这均属于财务管理的范畴。从这点来看，财务管理现已深刻融入企业经营活动的各个方面，并在企业生产经营的过程中发挥着越来越重要的作用。

除此之外，企业在经济活动过程中，必定会进行多种财务活动，与多个部门、多个相关方面形成经济关系、财务关系。财务关系会随着经济体制、内外部财务环境的差异而有所不同。在当前经济体制下，企业财务关系包含了市场经济体制特点，主要表现为企业与政府财税部门、金融机构及其他企业之间的联结。而企业在实际经济管理过程中，必须积极地处理好各种财务关系，并依靠财务关系产生应有的效益，这些关系将会对企业的战略目标实现产生极为深远的影响。

总之，无论是企业基于价值形态的财务管理活动，还是企业基于财务关系的经济活动，财务管理在企业经济活动中无处不在，也直接决定着企业的发展方向。因此，企业必须努力提高财务管理水平，以进一步促进企业的经济发展。

二、企业财务管理的基本要求

（一）部门协作制度化

由于项目管理部门种类复杂、涉及的流程较多，这会对企业的财务工作产生很大的影响。因此，企业财务部门应充分与各管理部门沟通、协调，积极建立和完善协作制度，使各部门管理工作做到有机衔接，保持一致的财务数据，从而保证整个业务流程清晰、流畅。

（二）财务管理精细化

企业财务管理工作责任大，任务重，工作较为集中，企业财务工作又必须以资金管理和投资控制为主要核心，所以企业应努力促进管理理念的创新，将各项管理措施逐渐细化，并建立和完善较为规范的、全面的财务运行机制，以使企业财务管理职能作用发挥到最大程度。

（三）基础工作规范化

基础工作规范化是企业整个财务管理工作的重中之重，也是企业高效运行状态的保证。企业需严格按照《财务基础工作规范》的具体要求开展财务工作，结合企业实际需求，做好工作流程设计，在财务工作过程中，要严格凭证办理手续，将财务监督与控制的各项措施落实到位，使各项财务工作处于规范化运行状态。

三、企业财务管理功能

企业的财务管理功能主要分为三个方面，即成本控制、资金管理和管理监督。

（一）成本控制功能

企业的主要目的就是获得盈利，影响企业所得利润多少的因素很多，如原材料物价高低、员工工资变动及市场供需关系转换等，综合来看，成本是影响企业利润的主要因素之一。企业在对财务进行管理时，必须针对成本因素，运用合理、科学的方法，在保证企业正常运转的情况下，严格对企业的各种支出进行有效控制，其中包括产品成本控制、期间生产费用控制、职工薪酬及研发费用控制等，通过对企业多种成本支出渠道的有效控制，可以降低企业的生产成本，从而促进企业的经济发展。

（二）资金管理功能

资金管理功能是企业财务管理中的重要一环，市场上存在一些企业在发展过程中因为资金链断裂而全盘崩溃的现象，因此保证企业资金正常运转是最基本、最重要的。所有企业发展的前提都要有一定资金的保证，企业管理人员和财务管理专员要根据市场发展走向及企业自身实际情况进行全面分析，要以综合各方面信息数据为基础对企业的资金进行支配，在资金投入的同时，保证其所能带来的最大产出，进而促进企业经济的快速、良好发展。

（三）管理监督功能

没有规矩，不成方圆。这句话在企业发展中同样适用，要保证企业的正常运转，就要有一套完整的监督体系。企业通过财务管理，在其具有的监督与管理体系下，要求企业在发展过程中必须做到步步为营、小心谨慎，确保发展方向的正确性。并且，企业在监督管理过程中可以更好地利用资源，能够更深层次地挖掘自身所具有的潜能，做到以最小的投入获得最大的回报，进而确保企业可以正确、快速发展。

四、创新财务管理的具体措施

（一）转变观念，优化内部控制环境

现代企业财务管理部门的职能和目标与企业自身发展状况是紧密相连的，依据企业发展前景需求调整自身的管理和运作观念，确立新的财务工作目标，是新会计准则下企业财务部门的重要任务。对于财务部门来说，实现内部控制环境的优化，是实现企业管理革新的重要手段。

所谓环境控制，是对企业财务内部控制系统的建立和实施有着重大影响的各种因素的总称，包括机构设置、权责分配、人力资源管理模式、企业内部文化和经营策略上的各种改变等。在新形势下，企业的环境控制将发生很多变化，在机构设置上的改变，主要是通过财务部门有效信息整合实现企业财务结构的"裁剪"及"瘦身"，依据实际需要合理设置各级机构，去除多余人员。财务部门在职能上的新转变，还能够明晰财务管理流程，明确各部门的权力和责任分配，让各部门明确自己的工作范围，减少互相干涉的现象，杜绝职权混乱情况的发生。新会计准则的实施，能够促使企业内部控制方式和管理观念的转变，一改从前繁复的操作模式，在各级人员的配备与使用上更加明确、合理，业务机构简洁、高效，并最终在不断磨合、提优的情况下，实现对企业运营的全方位监督，强化企业的内部控制与向心力。

（二）健全财务管理制度

完善的财务制度在企业内部控制中具有重要地位。财务工作的目的是把关企业内部财务，也是要做好内部控制工作的前提。完善的财务制度及其强化落实，可以减少会计工作中的违规操作及营私舞弊现象，也能为企业的开源节流打下良好基础。

在财务工作中，要加强审计制度的建设和审计工作的落实，建立健全各项财务制度，严格执行国家的财经法律法规，正确设置财务项目，保证核算方法的科学、正确，对单位来往款项及时清理结算、监督核查。在审计工作中，要积极配合上级部门完成对本单位财务工作的审计，明确固定资产的清查，统一负责，分项管理，落实责任分担。针对企业的实际需要，推行专项审计与定期审计的合理结合，加强对企业财务工作的监察管

理，在重要岗位领导离职时，要进行离职审计，确保企业各项工作的权责分明，明确责任分担。

在审计工作中，还要注意内部审计与外部审计相结合，除了加强对企业自身财务工作的监管之外，还要通过外部审计不断优化本企业的财务审计工作，规范财务工作程序，确定财务环节合乎标准，最终实现财务管理目标。

（三）优化企业内部监督

良好的内部监督行为能够保证企业各项规章制度的落实运行及企业的合法经营，保障企业资产的产权，提升企业的经营效率与效果，最终促进企业长远发展战略的实现。财务管理优势的发挥离不开明确完善的内部监督制度，因此必须明确企业内部监督机构对企业各项事务的监督。依靠信息技术优势和新会计准则的引导，企业可以通过多方面、多层次的努力，来完善财务管理内部监督制度建设、信息化平台筹建，充分发挥出审计工作在企业运营管理方面的积极作用。审计部门要严格依据规章制度发挥自身职能，承担相关职责，对财务内部监督控制运行情况进行定期、不定期的检查监督，并形成正式的书面报告，提交上层领导机构。

虽然信息技术存在很多优势，但也不能忽视这种技术优势下存在的隐患。相较于传统的人工核查，计算机程序应用的误差或失效就显得更为隐蔽、不易发觉，但一旦出现差错、失误，其危害性是相当大的。因此，在承认信息化优势并极力发挥财务信息化管理优势的今天，更要加强对企业财务内部控制的监督，通过对财务部门员工进行明确分工，加强合作以保证信息系统的正确运行，为企业财务管理优势的发挥搭建一个良好的运作平台。

企业财务管理对提高企业经济效益，促进企业健康发展，具有重要的意义。企业财务管理是一项非常复杂、系统的工作，良好的企业财务管理对提高企业的经济管理水平，实现企业经济效益和社会效益的最大化，具有重要的作用。因此，在企业的财务管理中，我们应该与时俱进，采取各种方法、措施，不断创新企业的财务管理方法，从而实现企业财务管理工作和企业经济效益呈现质的飞跃。

第二节 财务管理在企业经济管理中的作用

全新的现代企业制度丰富了企业的组织形式，却增大了企业的管理难度，进而导致企业的经济管理承受着非常大的压力。在这样的背景下，企业应重视财务管理，缓解企业经济管理的压力，并采取最为有效的财务管理方式，提升企业经济管理的整体效果，进而保证企业能够得到良好的发展。

一、财务管理在经济管理中的作用

（一）能够为企业经济管理决策提供科学的指导

企业财务管理融入了各个部门的数据及信息，从企业经济管理的层面上来讲，对财务信息和数据的管理，可以为企业提供有价值的经营决策依据。由于大多数企业的内部环境并非完善，因此这意味着无论什么决策，都关乎企业的发展与建设，所以企业在进行决策时，一定要持有谨慎的态度。并且，企业可根据财务数据情况，了解到企业的整体经营管理效果，进而能对其经济管理作出准确预测，这样就可以促使企业的经济管理决策更具合理性、有效性和指导性。例如，企业在进行投资时，财务管理人员要分析财务数据，并评估投资是否存在风险，以及能够获得多少经济收益，这样便可避免企业进行盲目投资，降低投资风险。

（二）有利于确保企业各项资源的合理分配和使用

企业在进行经济管理期间，要严格按照成本效益理念，来控制有关资源和成本，进而提高资源和成本的使用率。企业站在财务管理的角度进行分析，可掌握完善的资产、库存信息，从宏观层面提升企业所有资源的使用率，防止企业成本的浪费，从而便可保证企业管理的合理性和有效性，还能够避免企业发生经济管理风险，提升企业在市场中的竞争力。例如，企业实行财务管理，可对流动资金进行管控，掌握流动资金的具体使用情况，进而可在很大程度上提升资金的使用率，最终提升企业经济管理的质量。

（三）能够提升企业的经济管理水平

企业的经济管理关乎企业的经济发展，所以企业要站在宏观的角度来进行经济管理。而企业进行财务管理，可以根据企业财务的实际情况来进行税务调控，进而实现合法避税，这样便能在缓解税负压力的同时，使企业获得理想的经济收益。除此之外，企业利用财务部门提供的经营及管理方面的数据，可掌握经营管理的实际情况，然后通过合理的管控方式，让企业以更快的速度适应市场要求，并作出合理的决策，进而就可顺利完成企业既定的经营目标，最终得以全面加强经济管理的质量和效率。

（四）降低企业发生财务风险的概率

企业进行经营管理会涉及大量的经济活动，但经济活动具有一定的风险性，如果不进行完善的财务管理，那么就很有可能产生财务风险。企业财务风险的类型非常多，其中，主要有融资风险、经营风险、利率风险等。就拿融资风险来讲，若企业采取的是股本融资或负债融资的话，那么在企业运营不力时，不但难以满足股东的收益，而且还要偿还利息、承担负债，这对于企业的发展会造成极为不利的影响。进行完善的财务管理，并做好相关的监管，能够降低企业发生财务风险的可能性，保证财务决策的合理性，进而在保证财务管理质量的同时，使企业经济管理得到顺利开展。

二、加强财务管理的策略

（一）对财务管理进行优化

1.对企业财务管理视角和模式进行创新

随着社会的发展，现代企业制度进一步完善，而为了能够不断促进企业建设，企业应加强财务管理工作。对于财务人员来讲，要对财务管理予以足够的重视，在平时的工作中认真进行核算和管理，并对企业成本进行有效控制。除此之外，企业财务人员还要掌握全新的管理方式，以丰富的财务管理经验，为财务管理工作进行合理指导，指明财务管理的正确道路,并要根据企业的实际经营状况,来为企业的经济决策提供有价值的依据。

2.完善企业财务管理体系和制度

财务管理是企业经济管理的一项重要工作。当前,由于很多企业的财务管理体系与制度存在一些漏洞,所以需要进行进一步完善。其一,企业应创建健全的财务风险控制机制,严格根据制度要求进行核算,以保证会计核算的合理性,进而降低出现财务管理风险的可能性。其二,企业还要建立针对财务人员的考评机制,对财务人员平时的表现进行考评,把考核结果作为决定他们薪资待遇的重要参考依据。这样,便能够激发财务人员的工作热情和主动性,从而就可在保证完成财务工作任务的基础上,最大限度地降低企业财务管理出现风险的概率。

3.创建专业化的财务管理团队

任何一项工作都需要人来完成,为此,企业应重视专业化财务团队的建设,以此提高财务管理的效率。财务人员不但要有多年的财务管理经验,而且要具备较高的职业素养,可以自己完成一部分财务管理工作。并且,财务人员要不断充实自我,掌握与财务相关的法律法规和税务方面的知识,将其合理运用到财务管理工作当中,以提升企业财务管理的效率。

(二)重视开展财务报表分析工作

1.完善财务报表工作

企业要想准确地分析财务报表,就要抓住源头,加强财务报表制作和管理工作,在创建报表的过程中,要提升监管质量,保证财务报表上的数据不能有任何差错。同时,财务人员要意识到财务报表的重要作用,企业最好定期对他们进行培训,进一步提升财务人员的职业技能和职业素养;要依据有关制度,对违法违规现象进行严厉惩罚。此外,为保证财务报表数据信息的安全性和准确性,最好建立信息披露制度,也就是做到财务信息透明化,动员企业全体员工对财务信息进行全面监督,以使财务报表信息足够安全、足够精准,进而保证财务报表分析工作的顺利进行,在提升财务管理效率的同时,提高企业经济管理的质量。

2.缩短数据收集时间,提升工作效率

时效性是评价财务报表分析质量的标准,精准的分析能够有效避免企业在经济管理中出现漏洞，进而保证企业经营工作的顺利开展。若企业在出现财务问题后再开展分析，那么财务报表就无法发挥其最大作用，所以对企业财务报表进行信息收集和分析时，要在保证质量的前提下，以最快的速度完成。这就需要财务人员通过合理的渠道来获取所需要的财务信息，并做好记录。同时，企业要应用先进的财务信息系统，来提升财务信息统计的效率，减少数据收集的时间。

3.改进财务指标，评价企业运营状况

尽管财务报表的内容涉及面较广，但其展现出的信息也并不是很全面，所以企业有必要对财务指标进行改进。例如，根据企业运营的实际情况融入非财务类指标，其中要以劳动率、市场占有率等为主，以此来丰富财务指标，使企业能够有效掌控自身的发展方向。此外，最好融入一些能够预测风险的指标，如在对现金流进行分析时融入现金债务比例，能够掌握企业是否具有偿债风险。总而言之，企业改善财务指标的方式有多种，主要是根据企业的实际发展状况及发展方向，来进行具体的安排。

（三）强化企业财务管理的内部控制

1.优化财务内部控制环境

财务内部控制制度，只有在良好的内部控制环境下，才能发挥出最大的效果。因此，企业要根据财务内部控制的要求，有针对性地建设财务内部控制环境。例如，在建设人文环境时，要加大财务管理制度的宣传力度，促使全体员工都能够掌握企业的管理理念，认可企业制度，从而保证财务内部控制工作的顺利开展。

在打造企业结构上，企业要不断完善财务管理机制，按照财务内部控制的要求，对各部门落实财务管理职责，加强财务管理的针对性，促使财务管理制度得以顺利执行，最终提高企业经济管理的质量和效率。

2.创建先进的内部控制模式

在全新的市场机制下，市场具有极大的不确定性，竞争也越来越激烈，这无疑加大了企业发生财务风险的可能性，所以企业要提高财务管理效率。同时，在网络经济盛行的当今社会，企业的网络经济业务日益增多，企业有必要采取信息化财务管理模式，这就使得过去的内部控制方式无法有效应用到现代的企业内部控制工作当中。因此，企业应根据社会发展特点及自身情况，构建先进的企业内部控制模式，使用信息化模式共享财务信息，创建信息化平台，解决信息传送的问题，使得信息能够得到顺利、精确传送。

这样，企业就能根据市场的动态来制定更为合理的财务管理模式。

财务管理是企业经济管理顺利开展，进而使企业得到良好发展的重要保障。为此，企业要意识到财务管理的重要作用，并制定更为科学、合理的财务管理策略，以保证财务管理的效率，进而提高企业经济管理的质量。

第三节 财务管理与企业经济效益的关系

企业是一个营利性的组织，它的出发点和归宿就是为了获利，因而追求经济效益是企业最大的目标。然而，企业的经济效益受多方面因素的影响，如国家的产业政策、行业竞争度、产品销路、资金回笼程度、人员结构和素质，以及企业内部管理状况等，所以必须加强企业的管理，特别是财务管理，以促进企业提高经济效益和参与市场竞争的能力。下面，笔者就企业的财务管理与经济效益之间的关系，谈点粗浅的看法。

一、财务管理的整体目标是追求经济效益最优化

企业的财务管理，要以企业的整体目标为中心而开展工作。笔者认为，我国企业财务管理的整体目标应该是追求经济效益最优化，因为其能更好地满足企业的所有利益要求。它既有考核企业盈利能力的指标，如资本利润率、净资产利润率等，又有考核资本保值率等所有者财富增加的指标，能促使企业通过提高业绩来提升股价。

企业的财务管理经济效益最优化整体目标，可以保障债权人的利益，在经济效益指标中，有企业偿债能力指标，债权人通过这些指标可以了解企业是否具有安全偿债能力；能满足经营者的利益要求，它能从产量、销量、资金周转速度、成本费用利润率、每股收益等指标中看出经营者的业绩，从而使所有者通过业绩评价来确定给经营者的报酬；可以满足政府、社会的利益要求，经济效益包括社会效益，以经济效益最优化为目标，有社会贡献率、社会积累率、顾客满意率等考核指标，有利于促使企业注重社会效益；可以满足员工的利益要求，现行经济效益指标体系有一个缺陷，就是没有考核企业为员

工谋利益的指标，只要补充这方面的指标，如企业员工工资增长率、工资发放率、员工权益与所有权益同步增长率等指标，就可以把这个缺陷弥补上。

二、建立和完善财务管理制度是提高企业经济效益的基础

（一）建立以资金为中心的财务管理体系，充分利用资金，提高企业的经济效益

企业应进一步完善财务管理组织机构，建立内部资金管理中心，健全资金管理责任体系，理顺资金渠道，发挥资金的使用效能。

建立切实可靠的资金管理制度，一是建立投资论证制度，投资决策失误是企业在资金管理上的最大失误，要在企业内设立投资论证程序，也可以请专业机构参与论证；二是建立应收账款管理制度和独立的信用管理体系，落实资金回收责任制，加快资金回笼；三是建立存货资金控制制度，按正常生产需求采购货物，把库存量降到最低水平；四是建立财产物资清查制度，发现账实不符或资产贬值，应及时处理；五是建立保证制度，避免暗亏带来的资金沉淀。

企业只有保持合理的资金结构，才能保证正常的资金循环。企业的资金必须纳入收入支出计划，进行综合平衡、合理安排，严禁资金体外循环、脱离财务的监督，要根据企业的效益状况合理安排基建资金；强化债务管理，充分利用债务杠杆的作用，在不影响企业商业信用的情况下，增加对供应商应付账款的占用额度，是非常有效的融资方式。

（二）搞好成本管理

控制成本支出是企业提高经济效益的关键，企业的经营目标是实现经济效益最优化，成本的高低直接影响企业的经济效益，因此企业必须加强成本管理，尽量降低产品的成本。企业只有实行科学的目标成本管理方法，才能有效降低成本，增加经济效益。

（三）加强实物资产管理，盘活存量资产，增加资金来源

企业资产的表现形式是多种多样的，它是企业的经济来源，要加强企业的资产管理，防止资产损失，充分发挥材料、设备、厂房、土地的作用，把多余的或利用率不高的资

产变成现金,以改善企业的资金状况,增加资金来源。

三、实施科学的财务管理有助于企业的决策

企业实施科学、有效的财务管理,能提高企业的经济效益。

财务分析是企业作出经营决策的重要依据。财务分析是评价财务状况、衡量企业经营业绩的重要依据。财务分析主要包括企业的偿债能力、营运能力和盈利能力分析。通过对报表核算资料的分析,便于企业管理者通过了解企业的财务状况和经营成果,促使经营者改进工作方法、挖掘潜力,实现企业的经营目标。

财务预测是提高企业经济效益的前提条件。财务预测是企业各业务管理人员根据历史财务资料,运用科学的预测方法,结合管理,对企业各项财务指标的发展变化趋势所做的估计和测算。现代财务管理要求由过去的事后反映和监督为主,转向事前预测和决策为主,只有正确地进行财务预测和决策,才能事前估计各种有利因素和不利因素,趋利避害,克服工作中的盲目性,增强预见性,为提高企业的经济效益提供前提条件。

财务计划是保障企业经济效益得以实现的关键。正确地编制、执行财务计划,可以使企业的财务工作提高预见性,并为企业各部门、各单位职工树立财务奋斗目标,从而确保企业经济效益的实现。

财务控制是提高企业经济效益的保障。财务控制是以各项定额和财务计划为依据,突出对成本实行有效控制,通过对收入、支出、占用、耗费等费用的日常计算、对比和审核,使财务活动实现预定的目标,以保障企业经济效益的实现。

财务考核是保证企业经济效益实现的动力机制。通过考核,能够及时发现企业在财务工作中存在的问题,并采取相应的措施,督促各项计划指标的完成,以保证企业利润目标的实现。

财务监督是提高企业经济效益的保证。依靠财务监督,一方面,可以节约资金使用,降低成本,增加盈利;另一方面,可以制止违反财经纪律和制度的行为。

财务检查是保障企业经济效益合理、合法性的手段。通过检查,揭露财务管理中存在的问题,以便采取措施进行纠正处理,使企业在保证经营合理、合法的前提下,增加企业的经营收入。

总之,提高经济效益是企业财务管理的根本目标。财务管理是一切企业经营活动的

基础，也是企业管理的中心环节。在市场经济条件下，突出财务管理的中心地位，是企业追求效益和实现资产保值、增值的客观要求，提高企业经济效益，必须加强财务管理。

第四节 财务管理对企业经济效益的影响

企业的财务管理，对企业的经济效益有十分重要的影响效果。从整体性的角度进行探究，企业只有做好财务管理工作，才能切实提升自身的经济效益，并促进企业的发展。

企业在开展财务管理工作中，核心的工作内容即为对企业的现金收入和支出进行管理，同时也包含企业的成本管理。企业进行财务管理，实际是为了实现低成本高收益，不断提升企业的经济效益以及行业的竞争力。

一般情况下，企业的财务管理有以下几大职能：

第一，结合企业所制定的长远发展战略规划，对企业未来发展中的一些财务业务活动进行合理规划；

第二，确保企业的各项财务体系能够平稳发展，并将其进行有效整合，最终发挥财务管理职能的最大化作用；

第三，监督并引导企业的财务人员按照财务工作目标开展工作，及时发现工作中存在的问题，并采取一定的对策；

第四，采取多样化的方式和手段，确保财务管理工作有效、健康开展，发挥财务管理的有效职能。

综上所述，企业财务管理工作贯穿于企业生产和经营管理的各个环节，对企业工作的各流程进行有效控制，其中包含了对资金使用前的核算工作、对资金使用后的管理和监督工作，企业通过开展高效的财务管理，保障各项工作的顺利、有效进行。

财务管理工作是企业各项工作的核心，是关乎企业生存的重要工作，因此企业应重视财务管理工作。

一、企业财务管理与经济效益的关系

（一）财务管理与经济效益相互扶持

对于企业的发展而言，企业财务管理与经济效益两者之间的关系是相互扶持、共同促进的，而预算管理作为财务管理的重要工作内容，能够为企业的战略决策提供有效的参考依据，同时为企业的发展指明方向，对企业经济效益的提升起着重要的推动意义。企业在开展预算管理工作中，相关财务人员要做大量的前期调查工作，其中包含了市场信息收集、企业发展现状具体分析、行业市场未来发展态势分析等。这些信息为企业战略决策的制定提供重要的信息依据，企业通过对这些信息的判断，能够对行业市场的发展进行预测，从而不断调整企业的战略决策。因此，可以说企业财务管理能够评估企业的经济效益情况，而企业经济效益的相关数值也能从一定程度上反映企业预算管理的重要数据，经济效益的高低将直接影响企业的财务管理水平，所以财务管理与经济效益两者之间的关系相互扶持、共同进退的。

（二）财务管理与经济效益相辅相成

企业的财务管理与经济效益两者的相互促进关系非常明显，其表现在以下两方面：

第一，企业财务管理水平的提升。企业经济信息得到优化和完善，可以促进企业综合实力和竞争力的提高，并最终提高企业的经济效益；

第二，企业经济效益的提升。企业必须加大财务管理力度，不断提升财务管理能力，以实现企业内部组织结构的优化，从而更好地服务于企业的经营发展。

二、企业财务管理对企业经济效益的影响

企业的发展离不开高效的财务管理工作，财务管理工作包含的内容众多，其中以资金分配、利润与成本控制、财务风险管理等为主。对企业资金分配进行控制，帮助企业实现低成本投入、资金资源的合理优化配置等，从而对企业的经济效益起推动性作用。因此，企业要通过合理、科学的手段对资金进行设置和分配，严格规划资金的投入比例，在制定投资决策时进行深入的调查分析，以最终实现决策的可靠性和可操作性，为企业

经济效益的提升做好充足的准备。

企业的财务管理工作是一项复杂的工作，并不是一朝一夕就可以完成的，这对财务管理人员提出了较高的要求。财务管理人员只有努力学习相关知识并不断创新，才能最终提高其财务管理水平。

对利润与成本进行控制，也是财务管理工作开展的一项重要内容。在企业的日常工作中，对经营成本进行控制，减少成本的消耗，在这个成本中包含了人力成本和物力成本等，所以应将人力资源进行合理配置，提升人力资源的利用率。对于物力成本而言，在产品生产的整个过程中，包含产品投产前、投产中、投产后等，都要进行相应的成本控制工作，这是尽量减少成品消耗的重要方式，也是强化产品质量的重要手段，会对企业的长远发展起到推动作用。

三、加强财务管理、提升企业经济效益的有效措施

（一）强化管理者的财务管理意识

企业管理者处于引领企业发展的核心地位，应该具有较高的管理能力及现代化的管理意识，要能够认识到财务管理工作对于企业发展的重要意义，并能够在此基础上建立与企业发展相符的监督管理体系。另外，企业管理者的财务管理意识是非常重要的，对于企业的战略发展起着决定性作用。在原有财务管理意识的基础上，要不断学习和借鉴优秀企业的财务管理体制，将其精髓应用到自身企业的发展中，并注重理论与实践相结合，对于传统财务管理中存在的问题给予有效解决，并不断优化财务管理内容，使财务管理工作为企业经济效益的提升护航。

（二）保证预算的全面性和执行的严格性

企业财务管理水平提升的前提和基础是财务预算工作是否有效，因此企业要不断强化财务预算管理工作，确保财务管理程序的科学性和规范性，做好企业融资预算的各项准备工作，最大化地保障资金的安全性。企业加强财务预算管理工作的内容，主要有以下几个方面。

第一，不断加强企业业务的预算管理工作。在对企业业务进行预算管理的过程中，工作人员的工作行为是否规范和科学，将直接影响业务预算的开展，所以应加强工作人

员行为规范的管理,这是加强企业业务预算管理的首要条件。另外,企业在进行预算时,务必立足企业自身,结合自身特点来进行,确保预算的真实性和有效性,为企业后续业务的开展提供有效参考。

第二,时刻关注国家的相关政策和制度。企业的预算编制工作,除了要结合企业实际的经营情况外,还要了解、执行国家的相关政策,对企业上一阶段的历史数据进行合理分析和评价,为未来的预算编制工作奠定坚实的基础。另外,在预算编制工作的过程中,所包含的内容如资金预算、财务预算、生产预算等,都需要结合实际情况来进行。企业在编制预算时可能会遇到一些问题,企业管理层应对其进行调整与完善。

第三,强化以各项指标为基础的预算工作。企业在开展预算工作时,要结合各项指标来选择科学、合理的计算方法。指标是对企业实际情况的反映,所以要采取适宜的方法进行预算,不可以偏概全。

第四,关注上一个预算期的执行结果。企业上一个预算周期的执行结果,对后期预算的执行起到引导性的作用,企业可以通过对历史数据的分析和评价,来对下一阶段预算工作中可能出现的问题进行指正,也可以对下一阶段预算管理工作可能出现的问题进行防范和预警,并提前制定相关的措施,确保下一阶段预算管理工作的有效开展。

(三)完善财务核算制度,加强财务控制

财务管理工作的重点内容,体现在两个方面:其一是对财务管理工作性质的界定,由此来对财务活动与组织管理工作进行协调安排和处理;其二是财务工作与财务管理活动之间的关系处理。在企业进行经营管理工作中,要格外重视这两个方面的内容,给予合理的设置和安排,并能够意识到财务管理工作对企业经济效益的重要性,最终据此制定与财务相关的管理制度,以及对财务工作职能和权限进行划分,明确财务人员的责任和义务,以最终实现对财务工作的有效控制和管理。

(四)大力培养财务管理团队

财务管理人员在财务管理工作中占据主导性地位,而提高财务管理团队的整体水平是提高财务管理工作成效的最直接方式,因此企业要不断加强财务管理团队的培养,不断提升财务管理人员的综合素质。只有财务管理人员的专业素质和专业能力过硬,才能有效解决财务工作中遇到的问题。另外,财务管理人员的职业道德水平也是决定财务管理工作质量的决定性因素,因此企业应该加强对员工职业道德的监督,并制定相应的制

度予以保障，严格规范财务管理人员的行为，确保财务管理工作健康开展。

（五）加强对费用支出的控制

企业应加强对费用支出的控制工作。以原材料的费用支出为例，企业要对材料的采购程序作出明确规定，由专人负责，对材料的采购进行详细记录，最大程度地降低原材料的购买成本，确保原材料采购工作的最优化；要严格监督和控制材料的使用情况，以及后续的补购工作；严禁浪费现象的发生，如材料的浪费、设备的浪费、资源的浪费等，在使用相关设备时，要坚持适度原则，尤其是电子设备。此外，企业中的每笔开支，都应该有详细的记录和备案，建立相应的明细账目单，确保费用支出的公开化和透明化。

（六）建立科学的奖惩制度

企业建立奖罚制度，能够在一定程度上调动企业员工的工作热情。在奖罚制度构建的过程中，要始终以企业的实际情况为根本出发点，在必要时，可根据各部门的实际情况制定适合部门发展的奖罚制度，并严格按照制度来执行。员工工作的积极性和创造性有了提升，企业的经济效益也会得到相应的提升。

总之，企业在开展财务管理工作中，应采取行之有效的手段提高管理水平，以此来实现经济效益的提升。在企业未来的发展中，要不断强化对财务管理工作的重视程度，将财务管理的各项工作做精做细，结合市场发展的态势，不断调整和完善财务管理制度，对于企业的管理层而言，要拥有先进的管理意识，树立现代化的企业管理思维，不断提升自我知识储备，实现管理上的创新，从而推动企业健康、平稳发展。

第五节 财务管理提高企业经济效益的途径

一、加强资金管理

在企业的财务管理中，对于资金的管理是重点。对于企业来说，资金是一切生产活动的基础，如果没有资金，企业的一切经营活动就无法进行，但如果企业对资金的管理把握不好，没有计划地动用资金，就很难获得经济利益。因此，财务管理的重点是加强资金管理，将企业资金最大限度地加以利用，发挥财务管理在企业中的作用。

（一）合理计划、使用资金

企业要以量入为出为原则，计划年度资金的使用，同时要参照企业年度生产计划以及贷款回笼目标要求，来合理使用资金。为了将支出资金控制在使用计划之内，必须避免计划以外的资金使用，减少资金流动的盲目性。

（二）增强资金的运转效率，减少对资金的大量占用

企业在对资金进行管理时不可马虎大意，因为资金的充足与否直接关系到企业是否能够正常运作，对资金管理得越仔细、越全面越好。

物资供应部门一定要制订科学的物资供应计划，然后才能签订合同，进而才能对资金使用进行安排。采购涉及大量的资金运用，在不影响采购质量和数量的基础上，要遵循节约的原则，采购量不要过多地超出实际使用量；进行采购业务结算时，一定要遵守收货在先付款在后的原则，杜绝人情结算现象的发生，如果能够保证企业的信誉不受影响，要尽量将货款支付期限往后推迟，大幅度利用供货方提供的信用优惠。

生产部门也同样会使用大量的资金，企业要对其资金使用进行跟踪考核。生产部门的资金安排要以实际的生产计划为依据，做到具体问题具体分析，如有紧急生产的项目，要给予优先安排资金的特权。

销售部门要实行目标责任制，对每一笔销售任务都要安排相应的负责人员，确保其在整个销售过程中"在其位，谋其政"，一旦出现失误要追究其责任，提高资金的使用效率，防止暗箱操作。

二、加强成本管理

在企业的财务管理中，另一个重点是成本管理，它能够综合地反映出企业的经营活动。无论是材料的使用，还是产品质量的好坏，最终都会反映到产品成本的高低上。成本管理开展得如何，将会对企业的经济效益产生直接影响，也会影响企业的竞争力。因

此，加强成本管理，降低产品成本，是提高企业经济效益的又一有效手段。

（一）建立健全成本管理制度

没有完善的成本管理制度，企业的成本管理就可能是空谈。现阶段，很多企业的成本管理制度并不完善，存在许多问题，因此成本管理的重点应放在制度的完善与健全上，在材料的收、发、领、退，以及成本的计划、预测、分析等方面，都会涉及成本管理。

（二）做好成本核算

企业的成本核算，需要以成本费用核算制度为基础，以权责发生制为原则，同时要以国家规定的成本开支范围为依据来进行。

1.材料费

在企业成本中，材料费占据了相当大的比例。产品成本的高低直接受到材料采购价格高低、材料节约与浪费等的影响，因此要严格控制好材料采购阶段的成本支出，在保证材料质量的前提下，尽可能减少采购费用。另外，还要建立健全材料的盘点制度，对于材料的收、发、领、退等及时进行清查、盘点，确定定额领料的制度，杜绝出现多领、滥发材料的浪费现象。

2.人工费

在企业的成本支出中，人工费用占据了一部分的比例。要想降低企业的成本支出，节约人工费用也是一种有效的方法，因此企业要对自身机构进行精简，撤销冗余机构，节约人力支出，提高生产效率，同时要加强技术研究，降低人工费用的支出。

3.制造费用

制造费用也是企业成本支出中的一部分，企业进行成本管理也要从这方面入手，提倡节约，压缩开支，提高机器设备的利用率，降低制造费用，保证成本资料的真实性、准确性和合理性。

（三）实施成本控制

企业加强成本管理的关键及重点是进行成本控制，为了保证企业总目标的实现，根本途径就是加强成本控制，增加企业的经济效益。换句话说，企业提高竞争力的根本保证就是控制企业成本，降低产品成本消耗，提高产品质量。只有将产品的成本降下来，才能够积攒更多的资本，以提高企业的技术创新，提高企业的市场竞争力。企业要想做好成本控制，在事前就要做到了解、掌握各种生产活动所需的成本，并对此进行分析，制定出一套降低成本、保证质量、节约费用的有效措施；在事后要把实际成本与计划成本进行分析比较，找出其中存在的差距，并积极采取改进，以便在日后的生产活动中有效控制成本费用，从而提高企业的经济效益。

三、加强会计基础工作

企业财务管理的基础工作是会计工作，因此加强企业财务管理的基础就是要加强会计基础工作。一方面，不断提高会计人员的专业技术水平；另一方面，实行会计电算化。

（一）加强财务人员的专业培训，提高财务人员的专业素质

任何企业的生产经营活动都是以人为基础进行的，要加强企业的财务管理，首先就是要做好财务人员的管理。在市场经济环境下，财务人员不仅要具备基本的财务管理知识、具备会计技能，而且要加强对科学管理方法的学习，提高自身的综合素质。因此，企业要对财务人员加强专业知识、科学管理方法方面的培训。

（二）将会计电算化运用到财务管理中

会计电算化的应用，不但能提高财务工作的效率，而且能提高财务管理的效果。因此，现阶段财务管理的首要任务就是实现会计电算化，将衡量财务管理水平高低的标准定为会计电算化水平的高低。会计电算化的应用，将在很大程度上减轻企业财务人员繁多的手工操作工作，从而更好地发挥财务管理的作用。

（三）建立健全财务管理制度，规范企业财务管理

要想加强企业财务管理，首先是要健全完善财务管理制度，实现规范化、科学化管理。企业财务制度的建立健全，需要以企业实际经营情况以及未来发展方向为依据进行制定的。随着财务管理制度的健全以及完善，能够提高财务人员的责任感以及约束感，从而促进企业财务管理的规范化以及科学化，提高财务管理的效果。

（四）促进财务管理信息化发展，建立财务信息系统

企业财务管理的重要工作内容之一，便是将有用的财务信息提供给企业，并保证这些信息的真实性和可靠性。为了适应当前的经济发展形势，企业要建立财务信息体系，从与会计相关的法规和制度上来保证财会信息的真实性。在保证财会信息真实性的前提下，进一步提高财会信息的利用时效，开发财会信息的利用价值，发挥财会信息在企业管理中的作用。

总而言之，面对竞争日益激烈的市场经济环境，企业要想增强自身的竞争力，就要从财务管理入手，将财务管理作为各项管理工作的重中之重。与此同时，还要建立健全财务管理制度，提高企业财务人员的专业能力及综合素质。只有这样，才能够发挥企业财务管理的作用，提高企业的经济效益。

参 考 文 献

[1]张金浩，林绍良. 浅析企业管理变革与创新[J]. 现代企业文化·理论版，2015（22）：76-77.

[2]郭曼. 企业管理创新：互联网时代的管理变革[J]. 中国科技产业，2012（4）：74.

[3]孙永新. 现代企业管理变革与创新[J]. 中国商办工业，2002（6）：18-19.

[4]张洪波. 创新变革企业管理体系[J]. 中国外资，2017（11）：88.

[5]陈贤彬. 企业管理会计信息系统构建研究——以 JY 摩托集团为例[D]. 广州：广东财经大学，2017.

[6]何倩梅. 管理会计在中小企业中的应用研究——以 A 公司为例[D]. 武汉：华中师范大学，2016.

[7]张咏梅，于英. "互联网+"时代企业管理会计框架设计[J]. 会计之友，2016（3）：126-129.

[8]强建国. 管理会计在企业应用中存在的问题及对策[J]. 科技与企业，2013（22）：91.

[9]官小春. 高科技企业研发超越预算管理研究[D]. 长沙：中南大学，2010.

[10]杨伟明，孟卫东. 联盟组合管理、合作模式与企业绩效[J]. 外国经济与管理，2018，40（7）：32-43.

[11]刘玉华. 企业管理模式与企业管理现代化探讨[J]. 市场观察，2018（7）：71.

[12]宋新平，梁志强. 浅谈企业管理模式与企业管理现代化[J]. 中国商论，2017（4）：69-70.

[13]张怀志，王苓. 企业管理流程与企业管理效益提升[J]. 中国新技术新产品，2015（10）：174.

[14]王彬. 浅谈企业管理流程与企业管理效益提升方法研究[J]. 企业文化（中旬刊），2017（17）：182.

[15]罗永旭. 浅谈企业管理流程与企业管理效益提升方法研究[J]. 科技创新与应用，2017（8）：266.

[16]蒙宇村. 基于业务流程管理视角探讨提高企业管理效率的途径[J]. 中国管理信息化，2015，18（12）：54.

[17]黄中恺. 流程优化与企业效益提升的实证分析[J]. 上海船舶运输科学研究所学报，2016，39（4）：60-66，72.